どうして
20歳代で結婚
しなければならないの？

明智 開眼

文芸社

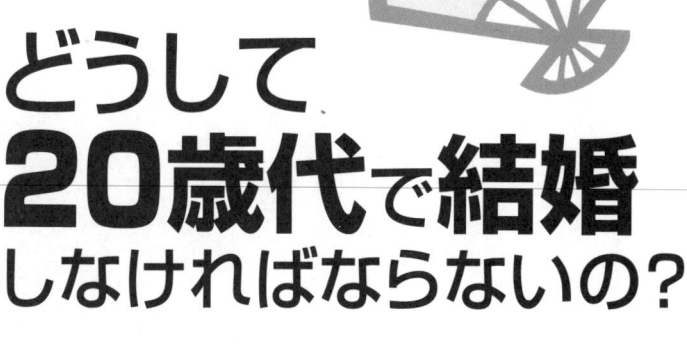

まえがき

30歳をすぎても結婚していない女性が増えてきました。

ほんの最近まで、女性の24歳という年齢がクリスマスケーキ（つまり12月24日クリスマスイブの日）にたとえられており、25歳にもなると半値八掛けの投げ売り状態になってしまうといわれていました。

ましてや女も30歳になれば、もう結婚は完全にあきらめてお局様《つぼね》になるしか他に生き方がなかったのです。それがいつの間にか30歳独身女性は、現代社会では珍しい存在ではなくなりました。しかも30歳だからといって、結婚はもうできないとあきらめてしまった女性は、今やほとんどいない状態です。

それどころか、最近は何と驚くことに、大晦日《おおみそか》（つまり31歳）までは大丈夫だと言われ出しています。

いや、まだまだ。

今の時代だったら35歳まではなんとかなるというような暴論（?）も、それほど違和感なくまかり通っています。一体、そんな馬鹿な話がどこにあるのでしょうか?

つまり、一体どこのお馬鹿さんが、みんなが年越しそばを食べようかという時期に、ひとりクリスマスケーキを買ってきて食べるというのでしょうか?

どうです?　わかりやすい例えでしょ。

それとも男性の意識が近年急激に変わってきたからなのでしょうか?　つまりこの20年ほどの間に25、26歳の女性ですら避けていた男性たちが、急に30歳の女性にも目を向けるようになってきたからなのでしょうか?

ちょっと待ってくださいよ。

人類の歴史上初めて30歳の女性を愛して、なおかつ結婚までしてしまうような無茶で勇敢な（ご免。ちょっと言い過ぎました）男性が、急激かつ大量に発生してくるわけがないでしょ。

それとも環境問題の影響でも受けて、突然変異を起こして、急に30歳の女性でもどんどん受け入れられるようになってきたのでしょうか?

冗談はこれくらいにしておきましょう。

ズバリ、あなた方にはっきり言っておきましょう。残念ですけど、もう結婚はできなくなりましたね。女30歳は結婚絶望年齢なのですよ。

「何ですって?　一体いつの時代の話をしているの?

今の時代は30歳をすぎても幸せな結婚ができた人はいっぱいいるし、そもそも男性の方がいっぱい剰《あま》っているのよ。

　だから私もその気になれば、すぐにでも結婚はできるのよ。理想の男性を求めて粘って頑張っていたから30歳になっただけで、その気になればいつでも簡単に結婚できるのよ。」

　全くお話になりませんね。

20歳代という女性として最高の条件を備えながら結婚できなかった人が、どうして30歳代になってから急にちゃんとした結婚ができるというのですか？　絶対あり得ない話です。

　このひと言で結論的に終わりですけれども、多分常識事項をあまりにも知らなすぎるあなたの事です。だから30歳にもなって、まだ結婚できないのでしょうから。ここはちょっと面倒ですが、当たり前のことを一つ一つわかりやすく教えてあげますね。

　自慢じゃないですけれども、反論の余地がないほどガッチリと論理構成ができていますから、いくら鈍いあなたでもよく理解できますよ。いつまでもバブルの名残みたいなおバカな雑誌や恋愛小説を3冊読む時間とお金があったら、この本を買ってじっくりと読んでみましょう。

　そしてこの本を読み終えたら、どこの誰でも良いから結婚してもらえる慈悲《じひ》深い男性（ほとんどいないと思いますけど）に、すがりついてみましょう。

まえがき

たぶん今のあなたはぶち切れ状態で、怒りでいっぱいになっているものと想像できます。

でもこの本を読み終えた後は、「どうしてもっと早くこの本を出してくれなかったの？

私の人生はいつの間にかもう終わっていたのね。」と言いながら、ワーワー泣き叫んでいるでことしょう。

かわいそうだけれども、何も知らないで夢と希望を持ち続けて生きている状態は、うさぎが切り株にぶつかるのをぼーっとしながら待ちぼうけしている状態と全く同じですので、そんな馬鹿な生き方をするんじゃないよ、とこの本ではっきり教えてあげますね。

特に高学歴の女性たちへ。あなた方はさらに救いようがないほどの結婚絶望状態になっていますね。

まあ、とにかく怒りを静めて冷静になってから、じっくりこの本を読んでみましょう。

それでは。

目次

プロローグ　30歳になってしまうと、一体どうなるの？

29歳の女性が、30歳というとてつもなく分厚い年齢の壁を前にして色々悩んでいるという事実は、小説やドラマで皆さんすっかりお馴染みですよね。でも、いざ30歳になってみると肩の荷が下りて楽になったとか、別に何の変化もなかったというような話を実際よく聞きます。そして30歳になっても心配ご無用というような、安心理論が展開されているのです。

本当におめでたい話です。

30歳過ぎの独身おばさん同士で勝手にどうぞ、という世界ですね。現実は30歳になったその時点から、あなた方はゴールが全くない無間地獄状態の長距離走ランナーになっているのです。知らないのは本人あなただけなのです。

とにかく30歳になってしまったあなたは、もう結婚は絶対にできないのです。私はこの一年間で女性の恋愛・結婚関連図書を、200冊以上は目を通しました。しかしながら、30歳をすぎても結婚はできるとか、大丈夫であるという理論的裏付けが書いてある本は、どこにもありませんでした。単に大丈夫なのよと書いてあるだけなのです。私から見れば、ほとんどの本が女性の手で書かれており、自らをも励ましているようにしか見えないのです。

そりゃあ、そうでしょう。

全く当たり前のことなのですが、絶対に安心、大丈夫だと書けるはずがありません。なぜならば、実際に結婚できた人がいないからです。一体この世のどこに存在しているのですか？

そりゃあ、単に結婚という形だけできたアフターサーティー女性は数的にはいくらでもいますが、単にあきらめの妥協結婚をしただけであって、理想通りの結婚ができた人はどこを探してもいません。

ですから、30歳になっても結婚はまだまだ大丈夫だと書いてあるのは、単に精神論や感覚論の世界なのです。

これらの書物を読んで、30歳になっても結婚は大丈夫なのだと安心していますと、いずれ大変まずい事態に陥ってしまいます。私のように、ここではっきりと引導《いんどう》を渡してあげるのが、本当の親切というものなのです。

この本では全く遠慮をしないで、男性の本音部分をストレートにお伝えします。ですから、しっかり読んで理解して下さいね。

30歳にもなって結婚ができない女性とは

20歳代で結婚できた女性と、30歳になっても独身のあなたとの決定的な違いは一体何でしょうか？

男性との出会い運が悪かったの？　それともあなただけ特別に忙し過ぎたの？　何もなければ、すんなりと27歳ごろまでにはお嫁に行けたはずなのに……。

本当にそうでしょうか？

あなたが30歳まで結婚できなかった理由について、じっくり考えてみたことがありますか？　もしじっくり考えてみれば、あなたが結婚できなかったのは環境のせいではないということがよくわかると思います。

つまり結婚できなかった原因はすべて、あなたの今までの行動・意識の中にあるのです。どういうことなのか、ここでじっくり分析してみましょう。

(1) 高学歴であること

短大卒を高学歴というのもどうかな(?)と思う人もいるかもしれませんが、少なくとも結婚対象者は大卒しか釣り合わないという学歴水準をお持ちですので、この本では高学歴女性として扱います。もっとも専門学校や高校卒であっても、大卒以外は絶対結婚対象にしていない女性は、かなり多く存在しています。事実かなりの方が、大卒の男性と結婚できています。

では現実に大卒の男性は、一体どれだけ存在しているのでしょうか。

実は3割強程度しかいないのです。しかも名前だけで、中身のない大学もすべて含めての数値です。

それに比べて、高学歴女性は今や5割近くもいるのです。これだけでおわかりの通り、半数近い高学歴女性が結婚できずにあぶれてしまうことになります。

どこが男剰り現象なのでしょうか？　実は中小企業勤務で、しかも高卒男性を対象にする女性がかなり限られているので、世間一般的には男剰り現象といわれているだけなのです。高学歴のあなたにとっては男剰りどころか、いい男がどこにもいないという状況の中で苦しまなければならないのです。

別に私は女性が学歴を付けることが悪いとか、結婚に不利になるとか言っているのでは断じてありませんよ。それどころか、大変好ましいことです。

しかしながら高学歴の女性は、若い段階で相手を見つけておかないと、かなり結婚が大変になるということを言いたいのです。

ご存じのように条件のいい男性のほとんどは、20歳代で結婚しています。ですから30歳以上で条件のいい男性は、かなりレアな存在になっているのです。

そしてあなたが年齢その他で追いつめられた時に、高卒の男性とはいくら妥協しようとしても、結婚はできないでしょ。つまり打つ手がかなり限定されてくるので、30歳になってしまうと二重三重に不利になって、一気に追い込まれてしまうのです。

つまり結婚絶望状態になってしまうのです。

(2) 仕事が面白いか、他にやりたい事がいっぱいある。

このタイプはやりたい事がいっぱいあって、暇を持て余すなんてほとんどない女性たちです。また収入的にも、かなり恵まれています。当然、結婚する気にはなかなかなれません。自分の時間がかなり束縛されて、なおかつ自由に使えるお金も減らされて、さらに平凡で変化のない生活を送ることなど、全く考えられないのです。

ですから余程相手のことを好きにならない限り、結婚はできないのです。つまりかなりの高給取りで、さらに今まで通りの自由度を保証してくれるような相手でないと、全くお話にもならないというわけなのです。

そもそも普段大変忙しいので、恋愛のことばっかり考えている暇なんてどこにもありませんしね。

そうこうしている間にズルズル年を重ねて、気が付けばいつの間にか三十路《みそじ》になってしまうのです。そして今まで後回しにしてきた恋愛・結婚をやっと真剣に考え始めた段階で、時すでに遅し状態なのです。

つまり結婚絶望状態になっているのです。

(3) 自分を過大評価していて、いざとなったら結婚ぐらいすぐできると思っている

多分、学生時代やOLデビュー時代に、ちやほやされていた経験をお持ちなのでしょう。もしくは、周囲からかわいいかわいいと言われ続けて、すっかりその気になっていたのでしょうね。

でも気をつけてくださいね。つまり女の子は余程外見がひどくない限り、悪く言われることはまずないのです。かわいいというのは一種の社交儀礼みたいなものなので、鵜呑《うの》みにするのは大変やばいことなのですよ。

よく鏡を見て、なおかつ周囲の女性と比較対照した上で、客観的に判断してみましょう。

とにかく、あなたは強気一点張りです。ですから自分の実力を遥かに超えた相手に対し

ても、自分の方から交際を断ったりしているのです。そんなタカビーな意識を持ち続けている限り、結婚なんてとてもできるわけがありません。事実なんと30歳という年齢になっても、まだまだ強気です。あなたの意識で釣り合うと思っている条件のいい男性は、30歳の女性は完全に結婚対象外にしているのです。これは常識ですよ。

確かに誰からも文句の付けようがないほど、お美しい方もいらっしゃることでしょう。しかし、いくら美しい方であったとしても、かえって不利になるのが30歳という年齢の深刻さなのです。その理由については、後ほど詳しく説明させていただきます。

とにかく30歳は、もう完全に結婚絶望状態なのですよ。

(4) 完全に受け身の姿勢で、自分からは全く動かない性格の持ち主

あなたはじっと待ってさえいれば、いつか運命の白馬の王子様がやって来ると信じ込んでいます。そこまで極端に思っていないにしても、、最初から自分にピッタリとくる人以外は全く受け付けようともしません。

つまり運命の出会いによって、2人は結ばれると信じているのです。

ですから最初の段階でビビビッとこなかった相手とは、頑張って交際を続けようとはしません。そしてちょっとしたことで相手の行動が気に入らないとか、こんな言動・行動は

変だとか言って、色々欠点を見つけ出して嫌になっているだけで、相手の良い面を見たり、秘められた可能性に目を向けたりはしないのです。そして相手に情熱がないのなら、別にもういいやというような態度をすぐに取ります。

そもそも一、二回会っただけで、相手がすぐに恋愛感情がメラメラ燃え上がってくるわけがないでしょ。逆にもし相手が一目会っただけですぐに熱くなれるということは、いずれまた他の魅力的な女性に出会うと一気に燃え上がるタイプでしょうから、かなり危ない人物だということになります（あなたが美人の場合は除きます。当然ながら相手を一目でノックアウトできるケースも、かなり多いでしょうから）。ですから、自分からも少しは積極的に相手に働きかけてアピールしないと、誰もあなたに対して強い関心を持ってはくれませんよ。

そもそも三十路の女に興味を示す男性に対して、客観的かつ冷静に考えてみればかなりおかしいと思いませんか？

自分が30歳になったからといって、急に自分の年齢に対して甘くなって客観性を失ってしまってはいけませんよ。あなたが25歳の頃に30歳の女性に対して抱いていたイメージが、世間一般のスタンダードなのです。この物差しは、いつの時代でもほとんど変わりません。とにかく30歳という年齢は、古今東西結婚絶望状態なのですよ。

(5)頑張って交際を継続させようという意欲に乏しい

あなたは相手と一回会っただけで、その人の事をすべてわかったつもりになります。そして感性その他が今一だったという理由で、次回も頑張って会ってみる努力を全くしません。

しかも何回も会っていると、いずれ交際を断るのが大変になると勝手に思い込んでいて、できるだけ早い段階で別れようとします。そして、また新たな理想の男性を求めて動き出します。いい男がいないと愚痴《ぐち》をこぼしながらね……。

でも、実はほとんど相手のことはわかっていないのです。わかったつもりになっているだけです。そしてミクロのどうでもいいことばかり気にしているのです。

とにかくあなたは信じられないほど厳しい目で男性を見ています。あなたのこの厳しい目を通り抜けることができる男性は、一体この世で何人いるのでしょうか？　ラクダが針の穴を通過するよりも難しい。

大丈夫ですって。

そんなに簡単には結婚なんてできませんから。

30歳になってしまったあなたなら、よくわかるでしょ。

頑張って何回か会ってみて、ある程度相手のことがわかってから初めて、交際をこのまま続けていくのかどうかの判断を下しましょう。とにかくあなたが思っているほど、次から次へと素敵な男性との出会いなんてありませんよ。もしあったとしても、とても結婚まではたどり着けませんよ。

30歳という、もう完全に結婚絶望状態になってしまっているあなたでは。

(6)感性優先派

つまり、相手とのフィーリングという適合性を最重要視しています。しかしながら感性いうものとは、かなりあいまいで説明しにくい概念なのです。誰からも好感を持たれているような人物であっても、なぜかしら自分にはピタッとこない場合って、よくありますよね。逆に皆からの嫌われ者に対して、なぜかしら自分だけは好感が持てるという場合もあります。

ですから一回、二回会っただけでこの人とは合わないとかいうように、自分勝手に判断しない方が良いのです。もっとその人の良さが見つからないものか、じっくり観察してみましょう。また、もし最初フィーリングが合わないと感じたとしても、何度も何度も会っている間に、いずれ波長が合ってくるものなのです。社内結婚する人が多いのは、毎日顔を合わせて会話している間にどんどん一体化してきて、情が湧《わ》くようになってくるからなのです。例え相手がオランウータンであったとしても、3年間一緒に生活していたら、何らかの情が湧いてきます。

とにかくすぐに投げ出さないで、じっくり頑張ってみるのが大事なのです。そもそも結婚を継続させるのは忍耐だ、とよく言われているでしょ。頑張らなかったあなたは、結婚絶望状態になってしまうのです。

(7) 時間感覚（納期意識）が全くない

じっくりと相手のことを知ってから結婚を決意しようという姿勢は、全く正しい考え方です。当然そうすべきです。しかしあなたは、時間の使い方が全くできていないのです。なぜ結婚を意識し出してから5年も10年も経っているのに、まだ結婚相手が見つかっていないのだと思いますか？

それはダラダラとマイペースな形で交際していたからです。そして貴重な年月を浪費した揚《あ》げ句の果てに、最終的に交際が消滅しているのです。それもほとんどがあなた側から別れています。主に感性が合わなかったという理由で。

あなたは2年も3年も交際していて、一緒に暮らしたいと思わなかったのだから、仕方がないと思っているでしょ。そしてまた新たな出会いを求めて、待ちぼうけをしているでしょ。それじゃあ、いつまで経っても結婚できないわけです。

ここでは単なる交際期間の長さではなくて、交際の密度というものが非常に大事になってくるのです。つまり相手と知り合ってから何ヵ月(何年)経っているのかどうかは、ほとんど意味がないのです。交際密度がないまま、だらだらと時間を浪費した揚げ句の果てに、あっという間に三十路になって、いつの間にか結婚絶望状態になってしまったのです。

(8) 相手に対する条件要求水準が高い

昔、よくいわれていた三高(高身長・高学歴・高収入)に代わって、最近は三C(COMFORTABLE=十分な給料　COMMUNICATIVE=理解し合える　CORPORATIVE=家事に協力的)を求めているといわれています。しかし、一体どういう要求なのかよくよく分析してみますと、三高に対する要求とかなりの部分が重複しています。それどころかさらにパワーアップして、要求が倍増していると言えなくもありません。つまり条件がピカイチで、バリバリ働いて給料をいっぱい稼いでくるだけではダメだということになるのです。こんなに要求が多いと、ほとんどの男性にとってはたまったものではありません。条件ばかりつり上げた結果自分一人で勝手に首を絞めて、結婚絶望状態になってしまったのです。

もう一度8項目について、さらに詳しく解説

今まで30歳にもなって結婚できない女性の８つの問題点について指摘してきましたが、ここでさらにもう一度深く問題点を掘り下げていきましょう。

(1) 高学歴であること

変にあなたは学歴があるだけに、対象者が極度に狭まってしまっているのです。つまり一流大卒・一流企業勤務のエリートにしか目を向けていません。それどころか、エリートですら袖《そで》にしたことが度々《たびたび》あったはずです。

しかし、あなたのお眼鏡にかなうであろう対象者は、一体この世に何人いるのでしょうか。計算してみたことがありますか？　多分あなたは真っ青になるはずですよ。それほど少ないのです。

そりゃあなたが若ければ、いくらでもチャンスがあると思いますよ。時間もたっぷりありますしね。相手から見初《そ》められる可能性もかなり高いです。

しかし残念ながら、三十路の女性をエリートが対象にするはずがありません。なぜ、あなたは可能性が少しでもあると思っているのですか？　これじゃあまるで宝くじで何億円当

たるかもしれないと思っている人と、全く一緒の頭脳構造ですよ（確かに宝くじが当たると思っている人は周囲にも数多く存在していますが、いくら数が多いからといっても、当たるということにはつながらないでしょ）。

プライドだけ高いあなたは、完全に結婚絶望状態になってしまっているのです。

(2) 仕事が面白いか、他にやりたいことがいっぱいある

何かに熱中して頑張っている女性は、確かに魅力的です。

何もすることがなくて、芸能ニュースやドラマの話題にしか興味を示さない女性では、先が思いやられてしまいます。結婚した後は専業主婦になって、3食昼寝付きでせんべいでもバリバリかじりながらテレビばかり見ていて、いずれ豚のようにぶくぶく太っていく姿が、今からはっきりと見えます。そのような女性と比べれば、遥かに魅力的だと思います。

しかし、いくら頑張っていても、いずれこれ以上先に進めないで、行き詰まってしまう時が必ずやってきます。そのとき独身でひとりぼっちだと、かなりつらいものがあるでしょ。でもこうなってしまうのも、あなたが中途半端に能力や意欲が高かったため引き起こされた不幸と言えます。

他に何もやることがなくて、恋愛のことばかりを考えている時間がたっぷりある女性の

方が遥かに有利ですし、結果的に間違いなく幸せになれます。とにかく相手は、若さという最大の武器をフルに使えるのです。おばさん化しているあなたでは、とても太刀《たち》打ちできるような相手ではありません。全く勝負になりません。

ですから早く交際に集中できるように、今の生活パターンの軌道修正を図らないと、マジにやばいですよ。そうしないと今まで一生懸命走り続けてきて、ふと立ち止まって結婚のことでも考えはじめてみた時には、既に彼女たちが全部おいしいところを持っていってしまった後ですよ。三十路になったあなたの出る幕は、もうどこにもないのです。

さらに追い打ちをかけるように、おいしいところをごっそり持って行かれた後から、次から次へと若い世代の女性が、結婚市場に参入してきますからね。おばちゃんたち邪魔邪魔と言われて、さらに若いパワーで突き飛ばされてしまいます。

つまり30歳は、完全に結婚絶望状態になってしまうのです。

(3) 自分を過大評価していて、いざとなったら結婚ぐらいすぐできると思っている

過大ではなくて、間違いなく知性と美貌を兼ね備えた魅力的な人も、ここに含めておきます。

しかしながら問題なのは、いつまでも栄光は続かないということです。

花の命は、本当に短いのです。

つまり何事にも、旬《しゅん》とか納期というものがあるのです。ですから28、29歳であっても、本当はかなりやばい年齢なのですよ。食品に例えれば賞味期限が切れかけ状態で、神経質な人なら、もうこの段階で全く見向きもしなくなります。

ましてや三十路なんて、完全に対象外なのです。つまり賞味期限が完全に切れていて、どこの誰もが食べようとはしません。もし食べるのであれば、このままでは餓死するかもしれないので（つまり一生独身）、食中毒になっても構わないというような決死の覚悟の上なのです。もっとも高価でおいしいお肉なら、このまま死んでも構わないからと言って食べる人がいるのかもしれませんがね。狂牛病になっても構わないという決死の覚悟です。

まあ、その人固有の価値観ですから、私からは何とも言えません。はっきりしているのは、普通の人なら全く中身も見ないで、そのまま捨ててしまうという厳然たる事実だけです。

早く賞味期限に気付かないと、結婚絶望状態になってしまいますよ。

(4) 完全に受け身の姿勢で、自分からは全く動かない性格の持ち主

女性である以上、ある程度は受け身になるのは、やむを得ないと思います。しかしながら、いつまでも自分からは何もしないで、男性から与えられる愛を受け止めているだけでは、最終的にはなかなか恋愛は成就しませんよ。

相手も頑張っているのです。それなのにいつまでもあなたが乗り気でないと、別にそんなに一生懸命になって交際を頑張っていくような相手ではないと感じてきて、次第に情熱が冷めていってしまいます。そして男性の情熱が冷めてきた様子を見て、今度はあなたの方が冷めていくのです。こんな悪循環にはまらないためには、あなたの方からも常に相手の愛の炎が燃え上がるような、情熱点火の努力を怠《おこた》っていてはいけないのです。

それから相手の情熱の強弱によって愛の深さを判断していくのも、絶対に間違っています。

確かに女性は自分に対してまめだったり、褒《ほ》め上手な男性に弱いというのは事実でしょう。しかしこれらの行動は、かなりの部分テクニックや、女性慣れしているかどうかの差によるものです。もしくはその男性特有の性格面の要因がかなり大きいのです。本当に素敵な

男性であるかどうかは、全くわかりません。

とにかく30歳をすぎたあなたと付き合おうとしている以上、見かけはともかく、本気であると思っておいた方が無難です。もし本当に本気でないとしたら、相手に情熱が湧《わ》かないほどひどいあなたの態度や容姿が問題なのです。

何より決定的ともいえる年齢問題が、一番大きいでしょ。はっきり断言しますと女性の場合は、容姿と年齢の条件だけで8割以上、男性からの愛を勝ち得たも同然なのですよ。つまり人物や性格面の要素というものは、女性の場合かなり低い位置付けにあるのです。

こんなことを書けば、女性側からはガンガン否定する意見がいっぱい出てくるのは間違いありません。だから今まで誰もがみんな怖がって、こんな明白な事実ですら、なかなか本には書けなかったのです。

でも男性側の立場から正直に言いますと、これらのことは完全に常識事項なのです。それからさらに大事なのは、私から言わせると世の女性の9割近くは、容姿的には大したことがないということです。ですから、あなたがその大したことない平凡な女性群の中に属しているのなら、変に突っ張るのはやめておきましょう。しょせん五十歩百歩なのですよ。

とにかく男性もかなりの無理をして、あなたのような年を喰った平凡な顔立ちの女性に対しても、情熱を示そうと頑張っているのです。本当にえらいと思いますよ。もし若くて美しい女性が出現して付き合ってほしいと言われたら、すぐにあなたは捨てられてしまいますよ。絶対に。

若くて美しい女性から全く相手にされないから、仕方なくあなたと付き合っているのですよ。とにかく何も悩む必要がなくて、ストレートに自分の情熱をぶつけるだけで済むような魅力的な女性というものは、かなり少数であるという事実だけは、よく知っておいてくださいね。

30歳にもなって自分から積極的に動かない女性は、完全に結婚絶望状態になってしまうのです。

(5) 頑張って交際を継続させようという意欲に乏しい

この点が大問題なのです。

頑張って交際を続けてみないと、その人となりはわかりません。交際を続けている段階でわかってくる魅力的部分は、かなり多いのです。ですからほとんど何も見ないで、すぐにわかったつもりになるのはやめましょう。

学生のころと違って、社会に出ると人との出会いはかなり難しくなるのです。毎年4月になるとクラスや先生が変わって、新しい人といっぱい出会えるというメリハリがないまま、ズルズルと月日だけが流れていくのです。ですから、数少ない出会いを大切にしましょう。

出会いを大切にしていないあなたは、結婚絶望状態になってしまうのです。

(6) 感性優先派

かなりファジーな領域で、はっきり説明するのはかなり大変です。いくら頑張っても感性が一致しない限り先に進めないのは、ある一面では事実かもしれません。しかし私は、感性の一致だけで振り回されては絶対にダメですよ、と断言することができます。

その理由は、単に波長が合うのかどうかだけで、一生共に過ごすであろう相手を決めるのは、かなり危険だからです。事実、ビビビッときて結婚したのに、すぐ離婚してしまった人もいますしね。

つまり感性の一致とは、かなりタイミング的な要因が多いと思うのです。ですから結婚はできたとしても、婚姻を維持・継続させるだけの力はないのです。そもそも余程気難しい人間でない限り、いくらなんでも10人に1人ぐらいはピッタリとくるものです。

ここであなたに対して質問があります。

今までのあなたは同性の友人を作る場合でも、男性選びと同様に大変だったのですか？ ひょっとして、あなたはかなりの人間嫌い？ それもかなりの変人？

そんなことないですよね。多分全然努力しないでも、気の合った同性の友人の1人や2人ぐらい、簡単に作れましたよね。

ところが異性になると、どうして急に難しくなるのですか？ 本当に不思議ですね。でもよくよく考えてみてください。10人に1人いるかいないかというような気難しいあなたが、今まではねつけてきた多くの男性たちは、一体どんな人物だったのでしょうか？ 本当に誰からも結婚対象にしてもらえないような、どうしようもない男性たちだったのでしょうか？

絶対に違いますよね。

単にあなたとピッタリこなかっただけで、他の女性からはかなり人気の高い人も含まれていたはずです。もしそうだとすれば、あなたは単なる気まぐれ屋さんということになりませんか？

大丈夫ですって。

最初の段階で波長が合わないと感じても、時間をかけて交際している間に、段々と合ってきますから。

もし本当にいくら時間をかけてじっくり交際していても、いつまで経っても波長が合ってこない場合だけ、初めてどうしようかと考えてみたら良いのです。

そもそも最初からドンピシャ波長の合う人を探す方が、かなり難しいことなのですよ。ひょっとしたら、あなたの脳裏には昔幼い時にかわいがってもらって、いい人だと思った男性のイメージが、今でもはっきりと残っているのかもしれませんね。逆にいじめられて嫌なイメージを持った相手の顔格好も、しっかりと記憶しているはずです。

つまりあなたはイメージだけに頼っている、好き嫌いの激しい人物だということになるのです。

こうなってしまったのも、多分今までのあなたの生き方が問題なのでしょう。なぜ特別な感情を、男性に対してだけ抱くのですか？　もっと気楽に付き合えば良いのにと思いますけれどもね。

とにかくあなたは、最初の段階で余程趣味の話等で盛り上がらない限り、感性が一致したとは感じないのです。こんなことばかりこだわっていたら、いつまで経っても誰とも交際はできませんよ。

またたとえ交際ができたとしても、すぐに別れてしまいますよ。

だからこそ、結婚絶望状態になった今のあなたがいるのです。

(7)時間感覚(納期意識)が全くない

時間感覚がないということは、ズバリ交際の密度がないということです。さてさて、交際の密度とは一体どういう意味なのでしょうか?

ここで突然質問しますが、あなたは今まで本物の金貨を持ってみたことがありますか?是非一度体験してみると良いでしょう。同じ一キロでも、金貨と綿の塊《かたまり》とでは重さが全然違うのです。

まさにこの状態と一緒のことなのです。

つまりあなたの1年間という時間は、20歳代で結婚できた女性の3カ月にも満たない密度なのです。普通は交際相手とはほぼ毎日のように電話をしていますし、また毎週のように会ってデートをしているのですよ。ところが、あなたは他にやることがいっぱいあって、毎週会うなんてとんでもないと考えています。さすがに3週間に1回ぐらいは会っているのでしょうが……しかも土日のいずれかだけね。

多分あなたは、大統領よりもハードな日々を送られている方なのでしょうね。元米大統領のクリントンさんだって、家族がいても更に、ウインスキーさんという女性とデートする時間が取れたのですよ。東京と福岡というような遠距離で、離ればなれ状態のカップルの方が、あなた方よりはるかにいっぱい会話したり会ったりしているのです。

とにかくあなたはこの1年間で、何回彼と会いましたか？　そして一緒にいた時間は、合計でどれぐらいになりますか？

計算してみたら、びっくりするほど少ないということがわかると思います。そんなにゆったりしたペースで会っていたら、相手の本質的部分など、いつまで経ってもわかるわけがないでしょ。交際の密度が高いと、短時間の交際期間でも相手のことがよく理解できるということを、知っておいてください。

確かにたまにデートすると、お互い新鮮で楽しいものでしょう。そもそも基本的には楽しい場所に行っているわけですから、当然ながらいい気分転換になりますよね。でも楽しいのはデートスポットそのものであって、彼そのものではないということがわかりませんか？

しかもお互い最高のコンディションですし、そのような状態でけんかをするなんて、普通は考えられませんよね。

でも本当は楽しくて快適な場面だけを見ているのではなくて、つらい状況や厳しい局面において、相手の本質部分はどうなのかということを、一生懸命見ておく必要があるのです。

例えば苦境に陥った場合の相手の反応はどうなのか。

体調が悪い時でも、頑張って普段通りの対応ができるのかどうか。そして気分が悪い時には、どういう精神状態になるのか。またお酒を飲むと、どういう風に人格が変わるのか等々。

とにかく様々な場面を見ておく必要があるのですよ。いいところばかりを見せているデート中での相手の姿を見ただけで、わかったつもりになって安心していてはいけないのです。

残念ながら、相手の肝心な場面を見るチャンスがある時は、あなたは会話したり会ったりする機会を回避していますよね。

そして体調が良くなったり悩みが解決した後で、さらにお互い時間の都合が良い最高の状態になってから、また会いますよね。

そして久しぶりに会った相手は新鮮で、また別のデートスポットに行って楽しんできます。

これの繰り返しです。そして月日はあっという間に流れていきます。

1年間ってたったの12ヵ月しかないことを、あなたは知っているのですか？ さすがに3年も経てば、よそ行きの自分を演じていても覆《おお》い隠されることなく、相手のほとんどすべてがわかってしまいます（あなたのことも、ほとんどすべて相手にばれてしまいます）。

そして2人には別れがやってきます。

もし密度を高めて会ってさえいれば、3ヵ月もあればはっきりわかったことでしょうに……。こんなことばかり繰り返していれば、普通の人が（ご免なさい。あなたが普通じゃないみたいな言い方をして）、3年もあれば理想の結婚相手を見つけることができるのに、あなたの場合はまず30年はかかるでしょうね。

それならそれで開き直って、60歳になるまでじっくり時間をかけて、理想の相手探しを続けてみますか？

「冗談言うのはやめてよ。60歳になった時に私と結婚してくれるような相手がどこにいるの？」

おっ、鈍いあなたでもさすがに気付きましたね。説明不要の明々白々な厳然たる真実に突き当たりましたね。つまりあなたの周囲には、結婚相手が全くいなくなっているという現実を。

ここで簡単なシミュレーションをやってみましょう。あなたが60歳だったら当然結婚絶望年齢なのですが、じゃあ50歳だったらどうなのでしょうか？　ほとんどと言ってよいほど、状況の好転は見られませんよね。じゃあ40歳だったら、大丈夫だという状態になるのですか？

絶対違いますよね。

つまり40歳でも完全に結婚絶望年齢であるという事実は、特に説明する必要はありませんよね。では39歳ならどうなのでしょうか？　38歳、37歳、36歳、35歳……。

どんどんカウントダウンしていってください。ノンストップで30歳まで降りてきたでしょ。それとももっと上の年齢で止まりましたか？　もし30歳より上の年齢で止まったとしたら、その年齢で大丈夫なのだという根拠を、あなたははっきりと説明することができますか？

絶対にできませんよね。

私は30歳が結婚絶望年齢であることを、はっきりと説明ができますよ。だからこうして本を出したのです。引き続き私の方からじっくりその理由を説明していきますので、頑張って一生懸命理解してみてくださいね。

理解できないあなたは、結婚絶望状態で一生すごすしか他ありませんね。

(8) 相手に対する条件要求水準が高い

それではこの世であなたの結婚対象となる男性は、一体どれだけ存在しているのかシミュレーションしてみましょう。

数学や計算が苦手な女性は多いと思いますので、ご自分がそうだと思い当たっている方は、結果だけを見てください。くれぐれも面倒くさくなって、この本を最後まで読み切ることを断念しないようにお願いしますよ。

まず、1971年～74年までは第2次ベビーブームといわれ、毎年男女合わせて200万人以上生まれています（マックスは73年の210万7千人）。男女比率に関しては、半数強が男性ですので若干《じゃっかん》多めになります。しかしながら、あなた方の結婚対象になるであろう70年以前生まれは、各年齢層で男女合わせて完全に200万人を割っています。しかも66年生まれは、たったの138万人しかいません。

現状分析は以上です。

もっと詳細に分析するようなお仕事は、偉い学者さんにでも任せておいて、ここでは大雑把《ざっぱ》に、各年齢層で100万人男性がいるものと想定してみましょう（しつこいですが、実際にはこんなに多くはいませんよ）。なーんだ、各年齢層にものすごくいっぱい男性がいるじゃないの。だからいくらでも自由に相手を選べるじゃないの。

その通り。

ただし、あなたが27歳以下だったらの話です。どういう意味なのかご説明いたしましょう。

あなたは感性さえ合う人だったら、他の条件はどうでも良いとは考えていないでしょ。つまり条件的にもいい男性と結婚したいと考えていますよね。

さて、この本で言うところの条件のいい男性の定義について、確認をしておきましょう。

(1)大卒

(2)大企業もしくはそれに準じる安定企業勤務もしくは資産家・高収入者

(3)チビ・デブ・ハゲではない

この3部門の条件をすべて満たしていることが、最低条件になります。さらにもっと他の条件を掛け合わせると、あっという間にゼロになってしまいます。例えば一流大卒限定であるとか、身長180センチ以上とかいう条件にこだわった場合です。

ではあなたにとって、結婚対象となる男性がこの世にどれだけ存在しているのか、じっくり分析してみましょう。

ただしここで大前提があります。いくら年下との男性との結婚がかなり多くなってきたとはいえ、まだまだ例外です。ですからここでは結婚対象からは、除外しておきます。なぜでしょうか？

まず男性心理としては、相手の女性から尊敬されたいという気持があります。またほとんどの女性が、尊敬できる年上の男性との結婚を望んでいます。一方男性側も、自分の経済的基盤がある程度しっかりした年齢になってから結婚するというのが一般常識ですので、どうしても年上の彼と、3～4歳年下の彼女との結婚が普通になるのです。

しかしながら、昨今は状況がかなり変わってきました。つまり年下の男性との結婚も、ほんの一昔前とは比較にならないほど増えてきました。主な理由としては、女性の結婚年齢がかなり上昇してきており、また女性の経済的基盤が男性とほぼ同一条件になってきたからです。ただし、このような状況がいつまでも続くと考えるのは、かなりの無理があると思います。というか、今後まず続くことはないでしょう。その理由は、これからますます厳しい経済環境になってくれば、一体どういうことになるのかについて、ちょっとだけ考えてみればすぐにわかります。間違いなく一昔前のような、一般的な結婚パターンに逆戻りすることでしょう。

確かに現在学歴や仕事の上では、男女の差が全くないという環境にあります。しかしながら男性の心理としては、やはり対等な立場で女性が接してくるのは勘弁してほしいというのが、本音の本音なのです。ですから今日ますます女性が力をつけてきたことに対して、苦虫をかみつぶした思いでいるのです。

とにかく現在でもやはり年下婚は例外ですし、今後かなり減ってくると推定できますので、ここでは除外しておきます。ですから同年齢もしくは年上の男性だけで、対象となる男性がどれだけ存在しているのかというケースだけを考えてみましょう。

30歳の男性（つまりあなたと同年齢）
100万人→30万人（大卒者数）→10万人（6割強が既婚者として、残った3割強の未婚者数）→2万人（条件のいい男性の数）

31歳の男性
100万人→30万人→9万人（7割が既婚者として、残った3割の未婚者数）→1.6万人（条件のいい男性の数　どんどん結婚が決まっていきます。）

32歳の男性
100万人→30万人→8万人（7割強が既婚者として、残った3割弱の未婚者数）→1.3万人（条件のいい男性の数　急ピッチでドンドン減っていきます。）

33歳の男性
100万人→30万人→6万人（8割が既婚者として、残った2割の未婚者数）→9千人（条件のいい男性の数　遂に1万人を割ってしまいました。）

34歳の男性
100万人→30万人→5万人（8割強が既婚者として、残った2割弱の未婚者数）→7千人（条件のいい男性の数）

35歳の男性

条件のいい男性に関しては、もうほとんど壊滅状態と考えてよいでしょう。

もしあなたの目から条件のいい男性に見えたら、何か問題の一つや二つは必ずあるはずです。ですから全く安心できません。

当然、何事にも例外はありますが、それでも35歳以上でかつ条件のいい男性で残っている人数は、すべての年齢層を合わせてみても、たかだか3万人程度でしょう。あなたにとって別にどうでもいい男性だけは、確かにいっぱい剰っているのですが……（これを指して、世間一般では男剰り現象といっているのです）。

さあ、問題はここからです。

ではもしあなたが現在25歳だったら、一体どれだけ結婚対象になる男性が存在しているのでしょうか。

25歳の男性

100万人→30万人→27万人→8.5万人（ほとんどが独身です。しかも条件のいい男性もごっそり残っています。）

26歳の男性

100万人→30万人→24万人→7万人（そろそろ一部結婚、もしくは2年後ゴールインするであろう運命の恋人ができたりしますが、それでもまだまだ結構残っています。)

27歳の男性

100万人→30万人→20万人→5.5万人(そろそろ結婚する人が増えてきました。しかも条件のいい男性ほど、早く結婚していきます。でもまだまだ…)

28歳の男性

100万人→30万人→16万人→4万人(男性の初婚平均年齢です。条件のいい男性は、半減してしまいました。)

29歳の男性

100万人→30万人→13万人→3万人(6割強が既婚者です。加速的に条件のいい男性は、どんどん結婚して消えていきますが…)

それでも各年齢層をすべて足してみますと、29歳までの条件のいい男性28万人プラス30歳以上の条件のいい男性6.5万人　計34.5万人の中から、自由に選べます。

これだけ対象者がいるのなら、かなり特殊な条件を掛け合わせても大丈夫です。たとえば身長180センチ以上でないと絶対だめというような、とんでもない条件を掛け合わせても、何万人と存在していることでしょう。しかも年齢で男性から拒絶されるような事態は、絶対にありません(むしろ最高の条件として大歓迎されます)。

問題は30歳になったあなたです。

繰り返しますが年下の男性は、はずしておきます。いくら年下婚が多くなってきたとはいえ、まだまだ例外ですから。

そもそも30歳以上の条件のいい男性計6.5万人のうち、はたして30歳のあなたを選ぶ人が一体何人いるのでしょうか？

当然の話ながら条件のいい男性は女性から人気があって、もてもてなのですよ。20歳代の女性にもバリバリ通用します。そんなもてもての条件のいい男性が、一体どういう理由で30歳の女性とわざわざ交際をするのでしょうか？　確かにあなたがいい女だとしたら、交際ぐらいはしてくれるでしょう。でも、いざ結婚となると、必ず腰が引けます。

ではいざ結婚となった場合の男性の態度急変事例を、よく見かける次の現象から考えてみましょう。

参考資料　あなたが結婚したい条件のいい男性は、各年齢層で一体どれくらい存在しているか？

	男性の年齢	総　数	大卒者数	内未婚者	条件のいい男性の数	いい男／未婚者比率
25歳のあなただけのゾーン	25歳	1,000,000 100万人	300,000 30万人	270,000 90%	85,000人 ほとんど結婚しないで、ごっそり残っています。	0.32
	26歳	1,000,000 100万人	300,000 30万人	240,000 80%	70,000人 早い人は結婚していきますが、まだまだ余裕たっぷり。	0.29
	27歳	1,000,000 100万人	300,000 30万人	200,000 70%弱	55,000人 早い人は結婚していきますが、まだまだ余裕たっぷり。	0.28
	28歳	1,000,000 100万人	300,000 30万人	160,000 50%	40,000人 男性の初婚平均年齢です。	0.25
	29歳	1,000,000 100万人	300,000 30万人	130,000 40%強	30,000人 6割近くが既婚者になってしまいますが…	0.23
小計	25歳～29歳	500万人	150万人	100万人	28万人	0.28
30女が対象にしたいゾーン	30歳	1,000,000 100万人	300,000 30万人	100,000 33%強	20,000人 男性でも、結婚しないのかとうるさく言われる年齢です。	0.20
	31歳	1,000,000 100万人	300,000 30万人	90,000 30%	16,000人 どんどん結婚が決まっていきます。	0.18
	32歳	1,000,000 100万人	300,000 30万人	80,000 27%弱	13,000人 加速度的に結婚していきます。	0.16
	33歳	1,000,000 100万人	300,000 30万人	60,000 20%	9,000人 彼女がいないと考える方が不自然に。	0.15
	34歳	1,000,000 100万人	300,000 30万人	50,000 17%弱	7,000人 もう限界です。未婚者であっても彼女が完全にいます。	0.14
小計	30歳～34歳	500万人	150万人	38万人	6万5千人	0.17
計	25歳～34歳	1,000万人	300万人	138万人	34万5千人	0.25
対象外	35歳以上	数的にはいっぱいいます…	比率は3割で変わりません。	かなり珍しい存在です。	ほとんど存在していません。	計測不能

30歳をすぎた女性が、男性の裏切りで泣き崩れることになるのはなぜなのか

週刊誌や芸能ニュースを見ていると、男性からの婚約不履行でギャーギャー泣き叫んでいる30歳代女性がよく目に付きますよね。大抵は男性の方にもう一人交際している女性がいて（当然相手の年齢は若い）、そちらの方に走るという形で終焉《しゅうえん》しています。

逆に20歳代はあまり目にしませんよね（28、29歳は、30歳代とニアリー・イコールだから除きます）。

女性である読者の皆さんは、本当にひどい男がいるものだとお怒りのことでしょう。しかし一般的な男性の意識では、別にひどいことをしているとは全然思っていないのです。それどころか泣き崩れてワーワー叫んでいる三十女を見て、本当に馬鹿な奴だと、心の奥底で思いっきり笑っているのです（知っていました？）。本当に恥ずかしくないのでしょうか。

恥の上塗りとは、ズバリこのような現象のことを言うのです。普通、自分を捨てて若い女性に走っていったという事実は大変屈辱的ですので、黙って耐えているケースがほとんどなのです。ですから実際は10倍以上発生しています。しかも芸能関係という極めて限られ

た世界だけで、これだけ大量に発生しているのです。

一般社会ではいかに多いのか、理解していただけるものと思います。

30歳の大暴落　大恐慌状態

つまり30歳になった段階で、株式でたとえるとストップ安の大暴落状態になっているのです。今の時代はクリスマスケーキ説（つまり24歳までに結婚しないと、もうお嫁に行けなくなるという説）は、完全に死語になっています。ですから25～27歳という年齢は、結婚適齢期として大変評価が高いのです。

問題は28、29歳です。大変微妙な年齢ですね。大暴落前夜といった感じで、男性からかなりの心理的抵抗を受ける年齢です。付き合った以上間違いなく結婚まで行かないと、相手は30歳になっているので結婚できなかったら恨まれるだろうなあと思って、かなり腰が引けるのです。

それでも、まだまだ何とかなります。同年齢から上の年齢層まで、まだまだ結婚対象にしてくれるであろう男性は、いっぱい残っているからです。単に年齢だけで差別しない人も、いっぱい存在していますからね（当然年齢だけでシャットアウトする人も、かなり多くなってきてはいますが……）。何といっても20歳代という最強(?)のブランドも、まだ使えますからね。

しかしやはり女の30歳は、男性の皆が皆、うんざりご免なさいの世界なのです。男性同士の会話で、30歳の女性はケチョンケチョンに言われているのをご存じですか？ ドラマや雑誌を見ているだけでも、必ず30女の悪口がいっぱい出てくるでしょ。あなたはどういうふうに感じ、どういうことを思っているのでしょうか？ とても気になりますし、とても関心があります。よかったら教えてくださいね。

とにかく大恐慌になってしまったら、何もかも全てが崩壊してしまうという事実は、実世界でも結婚の世界でも全く一緒です。大暴落する前に持株は、全て売りとばしておきましょう。また30歳になる前に女性は、投げ売りしてでも結婚しておきましょう。

さらに本題へ深く突入　なぜ女30歳は結婚対象外になるのか

(1) 外見面・肉体面の衰え

もう説明する必要もありませんよね。

あなたが20歳の頃と比べると、顔の肌艶《つや》をはじめとして、肉体的にもシャワーの水を弾くような弾力性もなくなっています。また顔全体に広がる皺《しわ》や白髪等は老齢を感じさせて、男性の情熱をごっそり奪い取ってしまいます。

とにかく何もかもが衰えてきているので、全くお話にならないのです。ひょっとしたら体型も中年みたいに（みたいじゃなくて、中年そのものかな?）、ぶくぶく太ってきていませんか？　また体の至るところにガタが来ているでしょ。

ですから老化現象をまざまざと見せつけられる30女は、男性に対して本能的にもう子供を産むのに不適格であるというイメージを持たせるので、当然ながらあなたを回避しようという行動になるのです。こういった外見面・肉体的魅力を重要視している男性は、ほとんど全員だと断言しても、全く過言ではないのです。だからダイエットや化粧品といったおしゃれ関連グッズが、いっぱい世間にあふれているのです。

もし人物面だけで勝負ができるのであれば、女性の誰もが競って美の追求などするわけがありません。つまり美しさが女の武器であることを、はっきりと認めている形になっているのです。

30歳をすぎた女性に男性が近づいてくるのは、そうでもしないと自分の遺伝子を残せないという本能的なあせりか、もしくは社会的体裁《ていさい》だけを気にしているからであって、自然の行動ではないのです（つまり不自然）。

その証拠として、可能性が満ちあふれている22、23歳の青年が、何の間違いを起こして30歳の女性に本気で恋をしたりしますか？　するはずがないでしょ（性的衝動のケースや、結婚を考えていない交際は除きます）。

(2) 躍動感喪失

大人としての落ち着いた魅力が男性受けするなどと、自分勝手に都合良く解釈するのはやめておきましょう。ほとんどの男性は一緒に女性を連れて歩いた場合、女性のピチピチとした弾けるような躍動感が、ものすごくうれしいものなのです。でも30歳のあなたには、もう躍動感なんてとても出せないでしょ(もし無理してキャピキャピしてみたら、周囲から完全に浮き上がるのと同時に、笑われてしまいますよ)。

単に老化した体で動きが鈍くなっている状態を、大人としての落ち着いた雰囲気・動作だと言い替えているだけなのです。

とにかく男性は年齢がいくつになっても、若い娘が大好きなのです。つまりあなたは、もう相手の男性を満足させてあげられないのです。

(3)おばさんモード突入

(1)、(2)でわかりますように、あなたは世間一般公認のおばさん扱いにされているのです。この現実を知っていましたか？

おばさんの定義は人によって違います。

例えば子ギャルにとっては20歳はおばさんで、この年になったら無茶な遊びはやめて落ち着こうと考えています。

また20歳代前半の女性にとっては28、29歳は完全にお局様で、あんなおばさんになる前に早く結婚したいものだと本気で思っています（当時のあなたも、全く同じことを思っていたでしょ）。

この様に人によって、おばさんと感じる年齢はまちまちなのです。そこで老若男女《ろうじゃくなんにょ》誰もがおばさんだと感じる年齢は、ズバリ30歳からなのです。ちなみに35歳にもなれば、健康診断で血液検査や胃検診まで受けなければなりません。こうなれば厚生労働省認定(?)の立派な中年おばさんです。

老醜《ろうしゅう》をさらした三十女は、陰で「年増《としま》」「うば桜」「いかずの後家」等々散々な言われ方をしているのです。実態を知らないのは、あなた本人だけなのです。

男性からかなりの心理的抵抗を受けるであろう理由が、本当によくわかりますでしょ。

(4) 健全性

つまり、あなたの過去の男性遍歴が疑われてしまうという深刻な問題があるのです。男性は相手に処女性を求めています。本当に処女であるかどうかは、今の時代は問われなくなっています。

しかし若ければ若いほど男性経験がないか、もしくは少ないであろうと思ってもらえます(実際に処女なのかどうかということは、ほとんど関係ありません。年齢だけで判断されてしまうのです)。30歳になるまで男性経験が一度もなかったとは、残念ながら誰も思ってくれません。

当然ながら今まで様々な恋愛体験があったのだろうと、勝手に思われてしまいます。あなたが美しい人であればあるだけ、なお一層疑われてしまいます。ひょっとしたら不倫でドロドロになったつらい経験も1度や2度はあるに違いないと、勝手な想像をされてしまうのです。だからといって様々な疑惑の目であなたを見ている人全員に対して、完全否定できるいい方法なんて全くないでしょ。

逆にもし本当に何もなかったとしたら、別の面から疑惑を呼んでしまいます。それは人物面で何か大きな問題を抱えているのではないか、という疑惑です。つまり今の年齢になるまで1度も男性と深い交際をしたことがないのは、一体どういう訳なのかという疑惑です。

つまりあなたはタカビーで、性格面で問題がある女性ではないのか、と疑われてしまうのです。そんな三十女は勘弁《かんべん》してほしいというのが本音なのです。あなたは反論する術《すべ》が全くありませんよね。

確かにあなたがもし並、もしくはそれ以下の顔立ちであって、今まで男性と縁がありませんでしたとでも言えば、ひょっとしたら世間の皆様には通用するかもしれません。しかし、今まで誰からも相手にされなかったような三十女と、どうしてわざわざ交際しなければならないのですか？　ましてや結婚まで。絶対にあり得ませんよね。ですから美醜に関係なく、30女はどちらにしても大いに問題ありと判断されてしまうのです。

つまり30歳という年齢は、交際経験や人物像も含めて、周囲から激しく心理的抵抗を受けるお年頃なのです。

(5) 結婚式での問題

皆が皆、花嫁の年齢を聞いただけで、ギョッとすることでしょう。しかも20代前半を対象にしているウエディングドレスそのものが似合わないという問題も大きいのです。

想像するだけで、かなり気持ち悪いものがあります。

満足しているのは、会場で直接姿格好を見ることがない花嫁本人だけでしょう。夫となる相手も表立って言わないだけで、結婚相手のあなたの年齢を相当気にしています。会社の同僚・仲間に対しても、大変気恥ずかしい思いでいっぱいなのです。

また会社の上司や親戚等に対しても、この年齢になるまで花嫁は一体何をしていたのかという疑惑や好奇の目にさらされてしまうという恐怖を感じているのです（ほんの最近まで、25歳ですらかなり結婚が危なくなっていた大きな理由のひとつです）。

つまりかなり恥ずかしい状況下にあるので、もう派手にお金を使って見栄を張る意味がほとんどなくなっているのです。

派手にやればやるだけ失笑を買うだけですので、結婚式自体の意味・必要性が半減しているため、場合によっては形式だけで良いと考える人も多いのです。従って身内だけ集まって海外挙式をして、その後結婚しましたという案内だけ出してくるカップルも、かなり多いのです（だからこそ29歳までの駆け込み婚に、大きな意味・意義があるのです）。

やはり相手に対する気配り・配慮として、遅くともせめて29歳でお嫁に行ってあげるべきでしたね（ま、お嫁に行けただけでも幸せとしましょうか）。

(6) 出産問題

ほんの最近まで、30歳からはマル高出産といわれ、難産になるから大変だと言われていました。その後医学の進歩のお陰で、現在は35歳程度まで伸びてきているようです。ただ逆に言いますと、自然分娩での30歳初産は、やはり大いに問題があるということになります。何でもそうですが自然が一番。

とにかく世間一般の認識では、30歳からの出産は大変で、たとえ出産できたとしても、その後に産める子供の数はかなり限定されると思われています。

実際、その通りですよね。

ちなみにほとんどの男性は、結婚した以上自分の子供を持ちたいと思っています（女性の場合もほとんどそうでしょ。なんせ結婚しなくても子供だけは欲しいというシングルマザーも、どんどん増えているくらいですから）。

ですから心理的抵抗ラインとして、30歳という年齢にはかなりまずい事態に陥ってしまうのです。

つまり年齢がわかった段階で、心底《しんそこ》相手にはまっていない限りは、交際を回避しておこうとするのです。

それが一般常識というものなのです。

子供を欲しがらない男性は結婚対象外その決定的理由

ちなみに子供を産まなくても構わないと言う男性は、絶対おかしいので避けておくべきです。

女性は出産自体が大変ですし、出産後も育児の負担や責任等が大きくて産みたくないという気持ちは、わからなくもありません。しかし男性側には、ほとんどと言ってよいほど負担というものはないのです。それにもかかわらず、男性が結婚しても子供を作りたくないのは、次のような理由が考えられます。

1．経済的に不安を持っているか、生来の怠け者であるかのどちらか。

2．能力面その他において、自分自身に自信がないから。

3．相手を愛していないから。

4．子供が嫌いだから。
5．ホモ的性向の持ち主で、形式結婚（偽装結婚）狙いであるから。
以上の理由以外は、まずあり得ません。
それでは各項目に関して、簡単に解説を加えさせていただきます。

1．に関して

DINKS（ディンクス　Double Income No Kids）になって、豊かで自由な生活をエンジョイするだけでよいという考え方。男性の場合は、完全に自己堕落《だらく》的タイプであるケースがほとんどです。

つまり今までほとんど何の努力もしないで安逸《あんいつ》で怠惰《たいだ》な生活を送ってきており、今後も今までのライフスタイルを続けていきたいというタイプです。また、経済力がないということは、本人の能力・意欲が欠けているという事とニアリー・イコールですので、全くもって論外であると断言できます。

2．に関して

歴史的に見ても「英雄色を好む」といわれ、それこそ可能なら何十人の女性と交わり、何百人でもいいから子供を生ませて、様々なパターンで自分の遺伝子を残したいと考えているのです。

これが男性の本能というものです（だから男性は浮気しやすい？）。この男性本能に逆らうということは、自分の遺伝子に自信が無くて、この世から消滅させても構わないと考えているのです。ですから能力面や生命力に関して、相手の男性に対して大いに疑問があります。

3．に関して

相手を愛していない場合は、当然子供を作るのはまずいと考えてストップします。お互い不安定な関係である以上、子供を作ろうという意欲が湧《わ》くはずもありません。そして将来いい人に巡り会えれば離婚して、再婚した後はドンドン子供を作る意欲が湧いてくるのです。

4．に関して

子供を愛せないという場合は、概して相手の女性に対しても愛を注げないタイプが多いのです。つまり自分しか愛せないのです。必然的に、いい夫婦関係を築くことすら難しくなるケースが多くなります。

5．に関して

世間の目からカモフラージュするために、結婚という形だけでも取っておこうというタイプです。そこには愛がありません。

当然セックスレスになりますので、自分の子供を作ろうという意欲は全くありません。

以上のように子供を産みたくないと言って賛同してくるような男性は、絶対避けた方がよいのです（たとえあなたにとって、好都合な相手であったとしても）。

では29歳は、一体どういう位置付けになるのか

ところで30歳は結婚絶望年齢だとしたら、直前の29歳はどういう位置付けになるのでしょうか？　当然ながらかなり大変で深刻な状況にあるという現実は、間違いありません。つまり女性の29歳問題があるからです（この年齢周辺は、とにかく問題だらけです）。

書店に行けば、29歳に関する書物がいっぱい出版されています。ドラマでも、29歳がズバリタイトルになっている『29歳のクリスマス』等々が有名ですよね。

このドラマのタイトルだけでわかりますように、29歳と30歳という年齢にはかなり大きな壁が存在しているということを、世間一般皆が皆、完全に認知しているという裏付けになっているのです。

つまり一般常識なのです。

そこで一体、29歳という年齢にはどういう深い意味があるのか、じっくり考えてみる必要性がありそうですね。たとえあなたが意識していようが、していまいが……。

現在の日本社会一般では、27歳までは年齢的に特に問題になることはありません。しかしながら、28歳からはかなり怪しい状況になってしまいます。ドラマ『やまとなでしこ』の桜子さんいわく、28歳からは値崩れが始まる年齢なのです。男性心理から考えてみても、

では29歳は、一体どういう位置付けになるのか

かなり抵抗を受ける年齢と言えます。それでもまだまだなんとかなります。大学受験生にたとえれば一浪といえる状態で、ヒトナミと訓読みができるぐらい普通の状態と言えなくもありません。

しかしながら大問題になってくるのは、29歳という年齢なのです。これは大学受験生の場合、二浪に相当すると考えてもよいでしょう。これはとても普通の状態ではありません。もう後がありません。崖《がけ》っぷちのどん底状態。もうどこの大学でも良いから、今年入学しなければなりません。一流大学にこだわって、三浪、四浪と頑張っても、全く意味がないのです。たとえ苦労の末一流大学に入学できたとしても、就職する際には年齢問題その他条件面で、必ず門前払いされてしまいます。30女の門前払いも、全く同じ理屈なのです。

なお美形の方に限っては29歳までは、年齢だけで腰が引けてしまうという男性は少ないというラッキーな面が、確かにあります。ですから変に消極的にならないで、自信を持って交際を進めていって下さい（それでも急いでまとめないと、30歳になるまで残された時間はほとんどありませんぞ）。

ただし残念ながら平凡な女性は、28歳でもかなり苦しい状況なのです。つまり30歳という年齢到達を待たずに、既にもう結婚絶望状態と言えなくもありません。

さて、問題の30歳ですが。この年齢はズバリ三浪に相当すると言えます。これは大変な事態です。尋常《じんじょう》ではないのです（ネチネチとしつこい書き方）。えらいことなのです。（まだ言うか！）あなたは、はっきりと自覚しているのですか？ あなたの人生最大のターニングポイントになっているのです。それこそ誰でも構わないので、投げ売りをしてでも結婚しておいた方がよいのです。

つまり半値八掛けのバーゲンセールを開催すべきなのです。そうでもしないと、受験生でいうところの浪人崩れという状態になってしまいます。

では浪人崩れとは、一体どういう現象のことを言うのでしょうか？

それはズバリもうあなたは、誰からも見向きもされなくなってしまうのです。

また今まで格下と思っていた男性からも、今度はあなたの方が遥かに格下になっている事実を思い知らされることになるのです。

つまりあなたの女性としての価値に対する、大暴落が発生しているのです。偏差値で例えると、現役の時は70もあったのに、浪人を重ねるうちにストップ安状態になって、50以下にまで転落してしまったのです。

現役の時偏差値50しかなかった人は、それこそ合格できる大学は、どこにもなくなってしまいます。こうなったらお金をいっぱい積んで、裏口入学（色仕掛け？）するしかありませんね。

去年まで偏差値70を誇っていたあなたが、どうしても大学進学（結婚）したいということでしたら、駅弁大学（ノーブランドの一般大学出身の男性）しかないですね。でもプライドの高いあなたにとって、とても容認できる水準ではないでしょう。もし二浪（29歳）の時に滑り止め大学に入学（投げ売りバーゲン結婚）しておけば、間違いなく幸せな学生生活（結婚生活）が送れたことでしょう。同時に輝ける未来も約束されていたことでしょう。

では29歳は、一体どういう位置付けになるのか

あなたが投げ売りバーゲン結婚を決意する程、自分が遥かに結婚絶望年齢になっていることをはっきり自覚するのは、一体いつになるのでしょうか？　普通の女性はどんなに遅くても、30歳になる前なのですけれどもね。

本当にあなたは鈍感すぎます。

それでもさすがにいくら鈍感なあなたでも、いずれはっきりと自覚できた時、全てが完全に終わっていてどうしようもない状態にあるという現実だけが、眼前に広がっていることでしょう。

つまり大恐慌発生後の荒廃とした世界を、はっきりと見てしまうのです。そしてこれから半永久的に続く、孤独・孤立生活を送っていく覚悟をしっかり固めなければならないので

す。

こんなみじめな人生って、考えられますか？　でもすべてはあなたの責任なのです。自ら招いた人生なのです。

20歳代の時にもっと素直でよい子だったら、こんな不幸な人生を歩まなくても良かったのです。こういうわかりやすい話を丁寧にしてあげているのに、、まだあなたは私の表現方法に対して怒っているだけです。まだまだ女の30歳問題を全然理解できていないと思いますので、さらに例え話をしてあげましょう。

この本から離れて、手近にあるカレンダーを見てください。どの月であっても構いませんよ。何ならあなたの誕生月でも見てください。そして最初の日から一日一日数えながら進んでいってみてください。一ヵ月って結構長いでしょ。そしてあなたが見ている月は、何日で終わっていますか？　普通30日か31日ですよね。もしも2月を開いていたとしたら、何と28日で終わっていますね。

ね！　終わっていますよね。

わかります？　一体何が終わっているのでしょうか？

私が何を言いたいのか、さすがにもうわかりましたよね。

12月のカレンダーが一番参考になりますね。例えばクリスマスイブは24日です。そして

では29歳は、一体どういう位置付けになるのか

大晦日は31日。百八つの除夜の鐘の音は、あなたにとってはウエディングベルではなくて、ご臨終を意味する鐘の音になるのです。

もうこれ以上日数はないのです。

つまりカレンダーもあなたの人生も、ここで終わっているのですよ。まさに女の人生そのものを象徴しているではありませんか。

とにかく30日（30歳）になったら、もう後がないのですよ。2月だったら、28日（28歳）で終わりなのですよ。かなりしつこいですが、例外は残念ながら全くないのです。

ただし救いを求めるなら、たったの一つだけ、ないこともありません。それは月末の30日になる前に男性との出会いのきっかけがあれば、まだ何とかなるかもしれません。

つまり30歳になる前に運命の人に巡り会っていて、交際している間に30歳を迎えたというような場合は、大丈夫かもしれません。

なぜならば、急に年齢だけを理由に交際をやめることはないからです。ただし時間がないので、確実に今の相手とゴールインをしなければなりません。つまり相手の気が変わらないうちに、しっかり押さえ込みましょう。このままずるずると時間を浪費して結果的に別れてしまうことになれば、いきなりもう誰もいなくなってしまったというような、緊急事態に陥ってしまいます。

ですから今進行している交際をしっかり実らせて、ゴールインするのみです。ぐぁんばれ！　頑張れ！

しかしながら交際相手が誰もいない状態で30日（30歳）を迎え、それからドタバタ動いても、もう完全に手遅れなのです。絶対に間に合いません。

今月は30日（もしくは31日）で終わりで、もう誰も見る必要がなくなったカレンダーはビリビリ破って捨てられて、翌月の新しい月のカレンダーに取って替えられるのと全く同じことになるのです。

そして前月（30すぎの女性）は誰も見向きしなくなり、皆が皆新しい月（新鮮な若い女性）の予定（交際）だけを考えるようになります。

大体ちょっと考えてみたらわかりますように、30歳といえば男性でもそろそろいい加減にしないとだめな年齢なのです。

なぜなら一般的な三十男は、最も魅力的である24、25歳の女性にそろそろ通用しなくなってくる年齢なのです。おじさんと付き合うのは嫌だと言われてしまってね。

ここで男性もちゃんと自覚して26、27歳の女性の方にシフトできれば、別に問題はないのでしょうが……。

ところが現実的には、なかなかできないものなのです。わかっているのにできないところが、いつまで経っても若い娘に執着する男性の弱いところなのです。

それでも何とかなるのが条件のいい男性の強味なのです。つまりしっかりと男さえ磨いていれば、年齢による少々の悪条件など簡単に克服できるのです。

そもそも男性の場合、年齢を理由に交際を断られるケースはかなり稀です。逆に言えば女性は自分をいくら磨いても、男性から年齢の悪条件を吸収してさらに有利になるようなことは絶対にないのです。

何という不公平でしょうね。でも仕方ありませんよね。

男性は男性で、20歳代前半で結婚するのはかなり難しいですし（主に経済面）、必然的に結婚対象にしてくれる女性も少ないので、じっと我慢するしかなかったのです。

その点女性のあなたは、20歳代前半ですぐにでも結婚ができるという有利な状況にあったのに、何もしないでぼーっと月日を無為に過ごしてきたわけですからね。今までさぼってきたつけが、今一気に噴き出してきているのです。

とにかく今まで年齢を意識しないで生きてきたあなたの責任なのですよ。誰のせいでもありません。

現に今のあなたは結婚に向けた何らかの行動を、積極的に取っていますか？　全然やっていないでしょ。だからなおさらダメなのです。

もう完全に手遅れかもしれませんが、30歳になるまであなたが独身である理由を一つ一つ列挙《れっきょ》してみて、しっかりと見つめ直してみましょう。

予想される読者からの反論に対して

一方的に好き放題言われてしまって、ブチッと切れてしまいましたか? 女性は感情の動物ですので、いくら論理的に説明しても絶対に納得できないものって、確かにありますよね。だからといってこのままの状態で放置しておくと、出版社に苦情がじゃんじゃん殺到するかもしれません。もしそのような状態になれば、著者が大変お世話になった出版社に対して申し訳がありません。

そこであなた方から予想される反論をできるだけいっぱい書き出してみて、さらに追い打ち(?)をかけてあげましょう。もうグウの音も出ないようにね。

反論その(1) 大人としての女性の魅力の方が、若さに勝《まさ》るケースもあるのでは

20歳代で礼儀作法を知らない未熟な女性と、人生経験を積み重ねてきて謙虚になり、相手に対してもちゃんとした対応ができるようになった30歳の女性がいるとします。しかも、大人としての色気もあって、さらに人格面でも向上している魅力的な(?)大人の女性です。

さて、男性はどちらを選ぶのでしょうか?

回答

残念ながら男性は、若くて未熟な女性の方を間違いなく選びます。なぜならば、相手が若ければこれから教育していけばいくらでも成長していくことが期待できますし、また頭も柔軟で固定観念もないので、安心ができるのです。しかし30歳の女性は、自分の考え方やライフスタイルが固まっていて、もう夫である自分の言うことはまず聞いてくれないだろうという恐れを抱いているのです。

固定観念の塊で、柔軟性が全くありませんからね。実際その通りでしょ。あなたは世の中のことのほとんどは、裏の裏までわかってしまいましたしね。ですから何も知らない状態で、何でも相手の言うことを素直に聞けなくなっていますよね。ましてや高学歴の女性は相手の男性と能力面でも対等な関係ですので、なお聞けませんよね。

ちなみに女性の方は男性に対しては、完成された現在の姿だけを見ています。言い替えますと、将来の成長した姿を想定して、現在の姿を大目に見てくれるというような考え方はまずしないのです。

つまりはっきりと現実に見えている姿だけで評価を下します。ですから男性の場合年齢は喰っていても、ちゃんと人格的向上や能力向上ができていれば、若さだけの傲慢《ごうまん》で未成熟な男性に対して対等、もしくはかなり有利になるケースが多いのです。女性と違って男性には、結婚絶望年齢というものはないのです（ただし一般男性に限って言えば、35歳頃にやや薄いながらも壁らしきものがはっきり見え、40歳になるとさすがにかなり分厚い壁になってしまうようですが）。

残念ながら女性は若さを失うと、人物面まで踏み込んで見にきてくれる男性は、どこをどう探してもいなくなってしまうのです。

反論その(2)　感性、つまりフィーリングさえ一致すれば、年齢なんて関係ないのでは

回　答

一致するかしないかの問題以前に、門前払い・足切り（すなわち年齢制限）を受けますので、交際すらまともにスタートさせることができません。またたとえ感性がピッタリだとお互い感じたとしても、それだけで相手はあなたと結婚しようとはしません。

なぜなら三十女を嫁にもらうということは、男性にとってはかなり屈辱的なことだからです。ですから単に感性が一致したというだけで、男性が三十女に対して持っているであろうブレーキを、簡単にはずせるわけがありません。

あなたが思っているほど簡単ではないのです。

それに感性がドンピシャ！ビビビッときて結婚したのに、すぐに離婚しちゃった人もいますしね。いかに感性というものが一時的で、あてにならないものであるかという裏付けにもなっています。

反論その(3) 人間同士の関係に、外見的な美しさやプロポーション等はあまり関係がないのでは？

見かけや性的欲求の対象だけでしか女性を見ていない人は、本当にいい男とは言えないのでは？ 本当にいい男は、人間の本質的部分である中身だけを見ているのでは？

回答

いい男は、社会的ステータスも高いケースがほとんどです（例外もありますが……）。そして社会的ステータスを誇示するためには、当然ながら魅力的なパートナーを求めています。

では何をもって魅力的なパートナーと言うのでしょうか。中身ですか？ それともフィーリングや感性が一致することですか？

答えは言うまでもなく、大前提として若くてきれいな女性であるということです。ズバリ言いますと、見栄えの良い女性です。見栄えの良い女性を一緒に連れているだけで、一目で周囲から賞賛されます。つまりいい女性をものにしたという、男性本人の実力の誇示になっているのです。

もっとも、いい男は単に外見の良い女性だけを選んでいるわけではありません。当然、中身や性格の良さも求めています。場合によっては学歴は当然として、家柄も問うかもしれません。

それでもいい男は、あらゆる条件を満たした女性と結婚ができるのです。ですからまず大前提として、外見・肉体面を真っ先に優先させたとしても、全くおかしくはないのです。というか、それが常識的な考え方というものです。

一般的な男性は、自分には無理だからと言ってあきらめているだけで、もし本当に自分に実力さえあれば、絶対に外見が良くて若い女性を求めます。それはちょうどあなたが学歴や収入面のチェックをしてから、男性との交際に入っていくのと全く同じように……。

反論その(4) やはり男性がいっぱい剰《あま》っているのだから、出会いさえあれば何とかなるのでは？

回答

単に数だけを比較すれば、あなたのおっしゃる通りです。これは人口統計上からも、間違いのない事実です。しかしながら、男性の条件面および中身がどうかという質の問題があります。

あなたは人物オンリーだけで結婚相手を決めるような女性では絶対にないですよね。もし本当に人物オンリーだけでしたら、どうしてこんなに相手選びに苦労しているのですか？

5年も10年もかかって見つからないのはなぜですか？

あなたが奇人・変人・変態・偏屈《へんくつ》で、かなり気難しい女性でもない限り、そんなに大変なわけがありません。

そもそも大前提として、あなたは相手の条件面を色々考えていますよね。つまりまず最低でも大卒なのかどうかという基準で、バッサバッサ男性のふるい分けを行っています。

別にこの行為自体は間違ってはいません。しかしあなたは大学の格自体も問いますよね。その瞬間に、あなたの結婚対象者は3割程度から、一気に1割以下にまで激減しているのです。

逆にあなたのライバルは7割強（本人に学歴はなくても絶対に相手は大卒でないとダメだ、という女性の数も含めた割合）もいるのです。あなたが若くて魅力あふれる女性であれば、十分この厳しい競争に打ち勝てることでしょう。しかしもうあなたは、男性からは対象外・問題外であると見なされている30歳になっているのです。さらにまずいことに、あなたはかなり男性を見る目が肥えてきています。それだけ年齢を重ねてきているわけですからね。

ですから若い頃のように、純粋に相手の胸に飛び込んでいくことは、もうできなくなっています。

だから相手探しは、かなり難しい状態になっているのです。もっとはっきり言いますと、完全に不可能になっているのです。単にあなたに自覚がないだけの話なのです。知らないのはあなただけ（それとあなたの未婚のお友達だけ）なのです。

反論その⑸　私は年齢の割に若く見えるから大丈夫なの

20歳をすぎれば個人差がかなり出てくるので、一概に年齢だけで女性を判断するとは限らないのでは？

だから実年齢の割に老け込んだ27歳よりも、若々しい30歳の私の方が有利になるの。

回　答

やはりどうしても、実年齢が重視されます。それにいくら若く見えたとしても、ある時期になると急激に老け込むケースも多いのです。また一般的に女性は、男性よりも老けるのが早いといわれています。ですから現在若く見えるかどうかは、あまり関係がないのです。

そもそも皆にいちいち写真を見せて、若々しい女性だろうと自慢して回るわけにはいかないでしょう。

では写真を見せない場合に、皆が皆興味を持って結婚相手の女性に関して聞いてくる質問事項の順位は、多分次の通りになります。

⑴年齢　⑵顔立ち　⑶スタイルや身長　⑷性格　⑸住まいもしくは就職先

女性の場合収入はどうでも良いことですし、いきなり学歴を聞いてくるケースもほとんどありません。

真っ先に聞いてくるのが年齢なのです。そして美醜に関係なく、年の離れた（当然ながら若い）女性と結婚するとわかれば、うらやましいとか、場合によっては嫉妬心をも呼ぶのです。これは男性にとって、かなりの快感があります。

ところがあなたの場合ですと、「なんだ三十女か」と言われて、もうそれで終わりなのです。誰もそれ以上何の関心も持ってくれないのです。この現象に関しては、経験上あなたもよくご存じですよね。

ちなみに男性の場合は、

(1)仕事もしくは収入　(2)学歴　(3)将来性　(4)身長　(5)年齢の順になり、体型はともかく、まず顔立ちが問われることはほとんどないでしょう（ミーハー女性の場合を除く）。

なおこの順位に関しては、本格的に統計調査をしたわけではありません。もし本格的に調査をしてみた場合、若干順位の変動があるのかもしれません。しかしながら、まず大体こんなもんでしょう。そして若干順位が入れ替わったとしても、大筋の部分は全く変わりません。

些細《ささい》なことで揚げ足を取ってみて、この本の本質的な部分を否定しようとする行為だけはやめてくださいね。誤解の生じやすい書き方をしたかもしれませんが、別に周囲の人間にいい格好をするために結婚相手の年齢にこだわっているわけではありません。

もう一度この本をじっくり読み直してみてください。

そもそも30歳は、出産に対する心理的抵抗ラインの年齢でしょ。また、健全性が完全に疑われてしまう年齢でもあるでしょ。他にも山ほど問題点がいっぱいあるでしょ。

だからいくら若く見えても、やはり三十女は三十女なのです。つまり男性から受ける評価は、どん底のどん底、最悪状態なのです。よく自覚しておきましょう。

反論その(6) 出産ができるのかどうかを考えながら交際に入る人はいないのでは？

もう産めよ増やせよの時代ではないのだから、出産できるかどうかは以前ほど大きな問題ではないし、しかも医学が格段に進歩しているので、高齢出産の心配は少なくなっています。だから出産できるかどうかという心配だけで女性を見ていないはずなので、年齢による差別は受けないのでは？

回答

必ず差別を受けます。

ちなみに2000年3月、結婚情報サービス大手のオーエムエムジーが20～30歳代の独身男性を対象にした意識調査では、全体の84％が子供が欲しいと回答しており、結婚したいという人（78％）すら上回っています。ですから出産できにくい、もしくはしたくないという女性と結婚しようとする男性は、かなり稀《まれ》な存在だということになるのです。逆に言えば子供はどうでも良い、もしくは作りたくないと考えている残り16％をターゲットにしなければならないのです。

これはかなり大変なことです。

しかもこの16％の男性が、肉体的にも精神的にも果たして健全と言えるのかどうかは、大いに疑問があるところです（既に問題点に関しては指摘済み）。

そもそも人間の本質的部分は、なかなかわかりにくいものなのです。ちょっと付き合った程度では、まずわかりっこありません。結婚してから相手の男性が致命的な問題点を持っていることはっきりわかったら、一体どうするのですか？　ですから16％の例外的で怪しい男性とは、恋に落ちる前にさっさとさよならしておいた方が、後々やっかいなことにならなくて安心だと思いますよ。

男性の方も、30歳まで未婚でいるような疑惑の多い女性とは、後々やっかいなことになるかもしれないので、事前にブロックしておこうとするものなのですよ。

そもそもいくら医学が進歩したとしても、初産は20代が好ましいというのは、今でも医学界の常識です。しかも女性一人が生涯産める子供の数には、限界があるのです。

若ければ若いほど有利な事実は、やはり揺らぎようがないのです。


反論その(7) 私は特別に美しくてスタイルも良い。なおかつ性格も良いので、平凡な25歳の女性と比べたら誰でも私を選ぶのでは

回　答

すごい自信ですね。

反論その(3)やその他の回答だけでは、あなたにはとても理解してもらえないようですね。

う～ん。確かにあなたの考え方には、一理あるのかもしれません。

しかし私はやはり、それでも30歳のあなたの結婚は無理だと断言せざるを得ないのです。

なぜなら30歳になる今まで、あなたは一体何をしていたのかという大いなる疑惑が残っているからです。

超一流の女性であるあなたは、当然ながら今まで最高水準のエリート男性だけを見ていたはずです。その最高水準のエリートですら、あなたは袖にしてきたのでしょ。ですから今まで、あなたのお眼鏡にかなう男性はほとんどいなかったのでしょうね（ほとんどがあなたのタカビーな態度の問題なのですが……）。そしていい男に出会えないまま(?)、気がつけば三十路に突入していったのですね。

だから今まで運が悪すぎた(?)。

でも世間一般の人々は、そんなふうには見てくれませんよ。交際相手に不自由していたなんて、とても信じてくれません。今まで男性と派手に交際してきて、いっぱい貢がせてはポイ捨てしてきたのだろうと、勝手に思われてしまうのです。

しかし、私は知っているのです。本当は真ん中水準よりもちょっとかわいい女の子の方が、一番もてるという事実を。

その理由は、ちょっとかわいい女の子ならば、自分でも頑張れば何とかなるのではないかと思う男性が圧倒的に多いからです。例え彼氏がいたとしても、何も結婚しているわけではありません。ですから、その彼氏にさえ勝てば良いのです。頑張って彼氏から彼女を奪い取れば、自分が彼氏になれるのです。従ってどんどん声を掛けやすいのです。

結果として一番モテモテで、人気抜群状態になっているのです（こういう誤解女になって婚期を逃がしてしまうと、過去の栄光が大きかっただけに、かなりやっかいなことになってしまいます。)

ところが高嶺《たかね》の花ともいうべき存在の女性に対しては、皆が皆ビビってしまって勇気が出ません。しかも当然ながら素敵な彼氏がいるのは当たり前だと勝手に思い込まれているので、完全に腰が引けた状態になっているのです。

ですから結局レベルが低すぎると誰からも相手にしてもらえませんが、意外なことにレベルが高すぎても、同様にほとんど誰にも相手にしてもらえないのです。

過ぎたるは及ばざるが如《ごと》しなのです(何というたとえ方?)。

とにかくあなたは今から開き直って、劇的に方向転換を図ることができますか? 説明するまでもなく、絶対に無理でしょ。でもあなたが動かない限り、全く何も始まりませんよ。

しかも誰か知り合いに男性を紹介してもらおうとする行動は、あなたのプライドが邪魔して無理なのでしょ。でも世間一般は美しいあなたのことを当然彼氏がいるか、もしくは婚約中だと見てしまっているので、20代の時に誰も声をかけづらかった状況以上にさらに輪をかけて、紹介できなくなってしまっているのですよ。

女性の年齢に対して、差別的な考え方を持っている男性を見聞きする機会がないのはなぜか？

どうです？

女30歳は、誰であっても例外なく結婚絶望状態になっているでしょ。

つらくて悲しい現実ですが、しっかりと直視してみましょう。

「いや、そんなことは絶対にないよ。女性は商品ではないし、そんなに難しい理論付けを行ったり、足切りのボーダーラインをいっぱい引いてから交際に入る男性ばかりとは限らないわ。

実際様々な男性の人に聞いてみたけれど、こんなひどい言い方をするような男性にはお目にかかったことがないの。だから一般的ではないの。こんな変なことを思っているような低俗な男性とは、今まで出会ったこともないし、今後も接点があるわけがないの。どう？違う？」

回　答

違うに決まっているじゃないですか。

今の疑問に対する明快なお答えは、次の通りです。

ズバリ、男性があなたに面と向かって、その通りだと言うわけがないでしょ。なぜならば本当のことをズバリあなたに言ってみても全く何のメリットもないし、単に変人だとか嫌な人だとか思われるだけなのです。つまり絶対にあなたの前で、男性が本音を語るはずがないのです。もし今までにズバリ男性の本音部分を聞いた人がいたとすれば、あなたは一人の女性として全く意識されていないということになるのですよ。これはかなり屈辱的な事です。ですからほとんどのノーマルな(?)女性は、男性の本音を直接見聞きする機会はないのです。

当然、男性の場合も同様です。

女性同士がトイレや更衣室で交わしている会話は、かなり凄いらしいですね。しかしその会話を直接聞く機会は、残念ながら私には全くありません。ですから雑誌その他で見聞きするしか、ほかに術《すべ》がないのです。

とにかく人間には、表の顔と裏の顔というものがあるのです。

誰も目の前で話したことがないからといって、くれぐれも安心していてはいけませんぞ。30女を誰も相手にしないのは、常識中の常識です。ただしあまりにもタブーすぎて、誰一人表立って話題にしないだけなのです。

美人であるがゆえに

意外なことに、年齢の割には十分な恋愛経験ができていないのです。でもちょっと考えてみればわかりますように、当たり前といえば当たり前の現象なのです。つまりあまりにも気高く美しいがゆえに、対等に付き合える男性はかなり限定されているからなのです。確かに多くの男性からちやほやされた経験は多かったかもしれませんが、結局は誰も本腰を入れて口説きには来てくれなかったのです。

なぜならば自信を持って堂々とアタックしていけるような男性は、かなり少数派だからです。そして例え交際相手ができて付き合っていたとしても、自分で好き勝手に振る舞っているだけであって、交際マナーに関して注意を受けたり、自分の意志が相手に通じなくて苦しんだというような経験が、ほとんどないのです。

なぜならいくら常識を逸脱《いつだつ》した問題のある行動をしていたとしても、美形はかなりの希少価値があるので誰もが交際をやめることができないので、大目に見て許してもらっていたからなのです。

ここに、あ～勘違い女が誕生するのです。そしていつまで経っても人間関係をうまく構築していく学習ができていないため、年齢と共にかなりやばい状況になっているのです。

つまり30歳になってからは、美しければ美しいだけ、問題点もそれだけ倍増して大きくなってくるというわけです。

そもそも若い時から見るからにプライドが高くて、男性がなかなか近寄れなかった存在であった女性が（つまり高嶺の花）、30歳になったからといって急に陥落しやすくなるわけがないのです。

むしろ逆ですよ。ますます水準を切り上げていって、交際できる可能性を完全にブロックさせてしまっているのです。多分相手に対する要求水準は雲の上まで上がっているので、まず地上の男性では対応することが完全に不可能になっています。つまり完全に男性を遠ざけてしまったタカビー女一人浮き状態なのです。

この現象を心理的に分析すると、次のようになります。

本人も30歳まで独身でいた関係上、意地でも交際相手のレベルを落とせるわけがありません。そして対外的にも自らのプライドを保持しようとすれば、誰もが納得いくような条件のいい男性を連れてくるしかないのです。しかしながら該当者は、今や完全に消滅している状況にあります。

これをグラフで表してみますと、見事に完全な反比例曲線を描いています。例えば需要供給曲線のように、男性側からの需要がどんどん下がってほとんどなくなってしまった状態にもかかわらず、あなたのプライドと意地だけがどんどん上がって、ギャップがどんどん拡がっているといった状態です。

そもそも20歳代の時でも、条件設定がかなり厳しいがゆえに、交際相手にはかなり苦労していたのでしょ。まして今や輪をかけて、普通の三十女よりも妥協できる相手が極端に少なくなってしまっている以上、事実上結婚への道は完全に閉ざされた状況下にあるのです。

一般の皆様は、どうしてあんなに魅力的で美しい女性が、30歳になっても結婚できないのだろうと不思議がるかもしれません。

でもこれが現実なのです。

本当のところ本人は寂しい思いで過ごしていますし、本音は結婚したくてしたくて仕方がないのです。だからといって安々と陥落するような魅力あふれる男性は、この地球上にはもう一人もいません。もしいたとしても、今度は男性の方が相手にしません。

ですから残念ながら、美人の30女も一生独身のままです。本当にもったいない話ではありますが……。

とにかく美人であっても30歳の大台に乗ってしまったのです。これからもっともっと出会い自体が難しくなるのに、一体どうするのですか？　理論上まだ一流半の男性だったらまだまだ通用するであろうという可能性に関しては、わからなくもありません。しかしながら出会いがかなり難しくなってしまっている以上、やはり無理なものは無理なのです。しかも一流半の男性に自分の方から積極的に接近していかない限り、全く可能性は生まれません。なぜなら一流半の男は30歳になって大暴落中の美人を見ても、やはりおじけづいているので、自ら積極的にアプローチはしてきませんから。また、条件のいい男性は鼻から相手にしないので、これも当然ながら無理です。

ですからどう考えても、恋愛・結婚への道は閉ざされているのです。

とにかく30歳でも美人の場合は例外で、結婚は簡単な気がするかもしれませんが、現実的にはやはり他の一般女性と同様に、結婚はできないのです。それどころか妥協点が全く見つからないので、もっともっと大変なのです。

閑話《かんわ》休題　タカビーしていた女性のなれの果ては？

タカビーな態度で相手選びをしているのは、何も今の時代の女性に限ったことではありません。ここでは昔の女性でタカビーしていて、結果としてとんでもない相手と結婚してしまったケースをご紹介しておきましょう。

あなたも、他山の石にしてくださいね。おそらく世界史上、結婚における最大の悲劇（喜劇かも）でしょう。

それはゼライイドという中世のアラビア王女で、比類無き美しさと賢明さを兼ね備えている魅力満ちあふれた世紀の美女の結婚にまつわる話です。

記録によれば彼女が結婚を志してから、3年7カ月16日かかったと記されています。相手は当時の世界でトップクラスの王子、もしくは宰相《さいしょう》の息子等々文句なしの面々と次々に付き合い、すべて彼女の方から断りました。

身分や時代的背景から考えて仕事などあるはずがないので、土日限定ではなく毎日誰かと会っていたはずです。そして最終的に巡り会った男性の数は、280人に及んでいるとのことです。一人ひとり断った理由が詳細に記されています。

その中には至極《しごく》当然だと思われる理由や、相手が死亡してしまった不運もありましたが、ほとんどが一般の人では理解不能の理由ではねつけています。例えば、鼻をかむのを奴隷に手伝わせたのを見て大の不精《ぶしょう》者だと判断したり、数多い親族の中に身体障害者が一人いたので、即交際をやめたりしたとのことです。

私が思うに、最大権力者なのだから人をこき使うのは当たり前だし、一人ぐらい身障者がいたとしても、遺伝上の不安を感じる必要性など全くないでしょうに。

そして、最後に王宮から彼女を連れ出した相手は、何と76歳の黒人奴隷だったとのことです。

ところで、なぜ4年近くにわたる相手探しが、とんでもない長期間であるように記されているのでしょうか。それは時代的背景を理解しておく必要性があります。

例えば平安時代では19歳になると、もうお局様扱いで誰からも相手にされていませんでした(現代の29、30歳に相当)。それこそほんの20年前でも、25歳はクリスマスケーキの半値投げ売り状態にたとえられていました。

適齢期は今の感覚よりかなり若くて短い期間に限定されていたのです。他にも平均寿命の関係や、共同生活しないととても生きていけない等の時代的制約条件が考えられます。また女性が自由に相手を選べる時代でもなかったのでしょう(ゼライイドは例外)。

しかしよりによって、何で76歳のとんでもない男性にさらわれてしまったのでしょうか?権力者やエリートに欠けているものがあったのでしょうか? 詳細は分かりませんが、贈られた詩歌の中に何か心に響くものがあったのは確かなようです。本当は心優しい女性だったのでしょう。

とにかくこの話の教訓としては、次から次へと条件の良い男性をいっぱい見るのはまずいということです。相手をよく観察しないで次から次へと渡っていけば、いつまで経ってもジャッジができなくなるということです。

あなたの大きな欠点は、ここにあるのです。

過去にすれ違ってきた多くの男性の中には、あなたが思っている以上に素敵で魅力的な人がいっぱいいたのですよ。それなのにあなたは全部取り逃がしてきたのです。


どうです。

かなりショックを受けましたか?

それともこんなことを平然と文章に書く人間は、一体どういう神経をしているのだと怒りを覚えましたか?　でも書いている人間がおかしいのではなくて、これは世間一般の常識なのです。

テレビや雑誌では表現方法をマイルドにして覆《おお》い隠していますが、伝えたい事は全く一緒なのです。私はあなたがあまりにも現実を知らな過ぎるので、ズバリ本当のことを書いてあげたまでの話です。かなり刺激的で傷つくような表現もしていますが、絶対大袈裟《おおげさ》な書き方はしていません。冷静かつ客観的に現実を直視してみてください。

これからは常に何事に対しても、注意深く見聞きするようにして下さい。必ず至るところで、あなたにとって不快な記事や発言をいっぱい浴びることになると思います。くれぐれも他人事だと思わないでください。

とにかく一般的に女性は心配性で、あれこれ慎重に考え過ぎるタイプが多いのに、なぜかしら結婚に関してだけ、急に超楽観主義になるのはやめてくださいね。

もっと本質的部分へ　30歳をすぎた女性が条件のいい男性と巡り会うことは可能か？

そもそも30歳をすぎてから、誰からも絶賛されるような素敵な男性と出会って、なおかつ結婚までできた人はいるのでしょうか？

結論から申し上げますと、まず絶対と断言してもいいほど存在していません。たとえあなたがいくら美しくて魅力的な女性であってもです。ただし20歳代で相手と知り合っていて、最終的にゴールインしたのが30歳をすぎてからというケースは除きます。

30歳をすぎてから出会った男性とは、皆が皆かなり妥協した上で結婚しているのです。もし現在私が20歳代だったら、このような男性は絶対に選ばなかったであろうという思いを抱きながら……。

そしてもし本当に30歳をすぎて結婚できた人がいるとしたら、相手はかなり優しくてお人好しで気の弱い男性、もしくは条件だけはいいのに、いくらお見合いしてもなかなか女性からOKされないという、何かしら問題を抱えている男性であるかのいずれかです。もしくは色仕掛けを使ってまでとは言いませんが、かなり女性の方から頑張って相手を陥落させたのです。

確かに女のプライドを捨てて全力で男性にぶつかっていけば、何とかなるかもしれません。でも陥落してしまった男性の方は、今ごろ結婚したことを後悔していると思いますよ。つまりもっとじっくり落ち着いて相手探しをしていたら、20歳代の魅力的で健全な女性といくらでも結婚するチャンスがあったのに、という思いでいっぱいなのです。

それほど30歳女の評価は最悪なのです。ま、男性も女性もお互い妥協結婚しているという訳ですけれどもね。

それはそれで置いておいて、そもそもどうやって理想の相手と出会うのですか？

ここで三十女の出会い方について、一つ一つ分析してみましょう。

(1) お見合い

29歳まではフリーパスで、相手の男性に紹介することができます。

しかし、30歳になったあなたを紹介する場合は、必ず先方からの了承を受けなければなりません。その理由はもし黙って紹介すれば、先方に対して失礼になる場合が多いからです。つまり相手側の感情を害する可能性が大だからです。

特に30歳代前半の男性には、まず身上書を持っていくことはできません。なぜならば、君は20歳代にはとても通用するような人物ではないので、30歳代の女性と我慢して交際するしかないんだよ、と言ったのと全く同じことになってしまうからです。

一般的には男35歳、女30歳にもなれば、もうまともなお見合いの話は完全になくなります。とにかくこの年齢を超えると、今までお見合いを何十回やっても、一回もまとまったことがない変わり者というレッテルが、ベッタリ貼られてしまっているのです。ですからこの年になってお見合いをするには、あまりにも疑惑が多すぎるので、似たもの同士でセッティングする以外まず成立しないのです。

当然あなた方が望む条件のいい男性とは、絶対に出会えません。

(2) 知り合いからの紹介

さて、お見合いが難しいとしたら、今度は職場や家族・親戚・地域などの知り合いからの紹介に期待するしかありませんね。しかしながら30歳になってしまったあなたに、いい人を紹介してもらうためには、一体はどうすれば良いのでしょうか？

ここであなたが今までに構築してきた人間関係が、大きくものをいいます。もしくは職場や居住区域で、素晴らしい娘さんだという評判が高ければ、良い縁談話が舞い込んでくる可能性も高いです。

でも30歳になったあなたには、いまさらいい話が舞い込んでくるはずがありません。

そもそも30歳の女性に対して、素晴らしい娘さんとかお嬢さんとか呼ぶこと自体笑えますよね。本当に恥ずかしい話です。

しかも三十女にオファーが舞い込んでくるとしたら、間違いなくろくな話ではありません。

あなたが若いころには、もっといっぱいいっぱいチャンスがあったと思いますけれどもね。

どうです？

あなたの元に今までにいい話が来たことがありますか？　でもたとえあったとしても、若い頃で他にやりたいことがいっぱいあって、ほとんど反応できなかったのでしょ。

あのとき頑張っていなかったから、今や何の手も打てない状態でズルズル月日だけが流れて、何とも言えないあせりと、もがき苦しみの真っ只中《ただなか》のあなたがいるのです。

そして今から人間関係を広げていくことは完全に手遅れですし、周囲への評判を高めて素敵な男性に見初められる可能性というものも、今や全くない状態なのです。

いいお話は、若くて魅力的な他の女性のところにどんどん流れます。

しつこく何度でも言いますが、今から頑張っても完全に手遅れ状態なのですよ。

アーメン。

でもこれだけ言ってもなかなか理解してもらえない鈍い女性も、まだまだ読者の中にはいるかもしれませんので、さらにケースバイケースで分析を続けてみましょう。

(3) 友人からの紹介

これもあまり期待しない方がいいです。特に独身女性からの紹介は、全く信用ができません。理由は説明しなくてもわかるでしょ。

つまり、独身の女性がわざわざどうしてあなたに素敵な男性を紹介するのか、理由が全くわからないからです。

もしも相手が本当にいい男性だったら、あなたに紹介する前に、独身の自分が付き合えば良いのですから。

確かに既婚者の女性からの紹介ならば、少しは信用度が高いかもしれません。ですから、ちょっとぐらいは期待していいかもしれませんね。でもやっぱり三十女と会おうという人物自体がクエスチョン。

では、友達付き合いしている男性からの紹介は？

これも独身女性からの紹介と全く同じケースです。確かに既婚者の男性からの紹介は、少しは期待できるかもしれません。

しかしやっぱりまともな男性が、30女との交際を受けるでしょうか？　やはりどっちにしても手詰まり状態にあるのは、どうも間違いない様ですね。

(4) 自然な出会いについて

事実上不可能であると断言できます。まず職場におけるケース。30歳代で独身のいい男が転勤でもしてくれれば超ラッキーですが、果たしてその男性があなたに関心を持ってくれるのかどうか、大いに疑問ありです。少なくとも結婚対象としてあなたに興味を持ってくれるケースは、まずあり得ない話です。なぜ興味を持ってくれないのかという理由は、今までしつこいくらいに説明済みですからもうおわかりでしょう。

ですから、一切期待してはいけません。そもそもあなたが大企業に勤務していない限り、条件のいい男性なんていないでしょうから、前提からして全くあり得ない話になっています。

次にアフターファイブに習い事に行っている場所や、地域の交流を通じての出会いについて。

なおさら不可能です。なぜならば一般の人の目からは、あなたはもう既に結婚しているだろうとか、当然特定の彼氏がいるだろうとか、婚約中である可能性もかなり高いと見られているからです。

もしくはどこかの主婦なのだろう、と。これは、30歳を超えた女性に対する世間一般の常識ですね。それでもあなたに接近してくるとしたら、不倫相手を物色しているどうしようもない輩《やから》だけです。ですから自分から私は独身で、しかも彼氏もいないと宣伝(?)してまわっていない限り、ほとんど誰もあなたに近づいてこないのです。

もっともあなたがいくら宣伝したとしても、三十女を相手にする物好きはいないと思いますけれどもね。

まだまだ年齢問題を心底理解できていない30代女性に対して

これだけ一生懸命説明しても、まだまだ理解できていない人がいるのかもしれません。どうしましょうか。じゃあ、こうしましょう。

そもそも30歳の誕生日を迎えてからいい男と巡り会って、なおかつ結婚までたどり着けた女性はこの世に実在しているのでしょうか?

もしあなたがお友達で知っているとか、私自身がそうでしたという方は、是非出版社を通して連絡してください(もしくは直接著者のメールへ)。

ただしすぐにペンを持つのではなくて、現在のカッカカッカ頭に来た、というエキサイト状態から落ち着いて、以下の項目をじっくりチェックした後でお願いしますよ。

それではもう一度、条件のいい男性についての確認をしておきましょう。

(1)大卒
(2)大企業もしくはそれに準ずる安定企業勤務もしくは資産家・高収入者
(3)チビ・デブ・ハゲではない

中身があるとか、性格が良いとかいう項目は、客観性を著しく欠きますので、誰もがはっきりと判断ができる以上3項目だけにまず絞って下さい。

次に、もしこの3項目を満たしているということでしたら、今度は逆に次のチェック項目に相手が該当していないかどうかの確認をしてみてください。

もし該当していないということでしたら、なんと30歳をすぎてから男性と出会って、しかも条件のいい男性と結婚ができた、この世で極めて稀《まれ》な女性であると認定せざるを得ません。

さあそれではスタートです。

チェック(4) バブリーなおやじさん（年齢的には30歳代後半以上）

お金をいっぱい持っている、もしくはこれからいっぱい稼ぐであろうベンチャー企業の社長さんや役員、もしくはこれに準ずる男性を指しています。

別に悪いことではないのですが、やはり将来リスクが付き物なので、危険といえば危険な相手です。

20年後も30年後も、順調に事業を発展させていける保証はどこにあるのですか？

また、お金持ちという条件だけに惹《ひ》かれて結婚したあなたの浅はかさも、問題と言えば問題かもしれませんね。

チェック(5) 周囲からは人物的に好感度を持って迎えられない人
いくら条件面を満たしていても、人物的に問題があるということでしたら話になりません。

当然女性の方からその男性を見て、別に問題があるとは思っていないかもしれません（問題があると思っていたら、結婚しているわけがありませんからね）。

しかし客観的立場にある他人の第一印象や評判から判断して、疑問符が付くような男性は、やはり問題と言えます。

恋は盲目状態になっているようでは、かなりやばいですよ。

チェック(6)容姿に問題がある人
男性の場合、顔や姿格好はほとんど関係ないと言われています。そんなことよりも中身が大事。つまり器の大きさや才能が大事。

しかし、いくら女性とは比較にならないほど男性のマスクは許容範囲が広くなるといっても、やはり物事には限界というものがあります。

あまりにもひどいようでしたら、やはり不適格です。

なぜならば、遺伝子学的に劣性であるという一面がはっきり出ているからです。

チェック(7)健康面に不安がある人
何もスポーツ選手みたいに筋骨隆々《きんこつりゅうりゅう》で、元気あふれる状態である必要性は全くありません。しかも、運動好きでなくても別に構いません。ただし、病気がちで弱い体の持ち主はだめです。

ここでは精神面での健康も含まれています。つまり心の病気にかかっている人物も不可です。

チェック(8)性的不能者もしくは無関心者（セックスレス）

現代社会では、特に該当者が増えてきています。でもこの事実に関しては、相手とじっくり長く深く付き合ってみないと、なかなかわかるものではありません。

確かに厄介と言えば厄介な問題です。でもはっきりしていることは、少なくとも相手の生命力に問題ありと断定できます。

気力面でも心配な面がありますので、この本では対象外の人物とします。

チェック(9)おたく気味の人

どちらかというと、性格的に根暗な人物のことを指しています。どうしても家庭生活は暗くなり、また夫婦の会話も乏しくなります。

確かに寡黙《かもく》な人の方が好きだという女性も、いるにはいるでしょう。しかしながら、物事には限度というものがあります。やはり一般的には、根暗の男性は避けた方が賢明です。

チェック(10)離婚経験者

本人に問題があって離婚に至ったとは必ずしも限りませんので、今の時代は特に問題にする必要はないと思います。

しかしながら、結婚生活に失敗した経験があるという事実は、厳然として残っています。たとえ本人自身がいい人であったとしても、そこにはやはり何らかの問題が潜《ひそ》んでいるかもしれません。もしくは本当に、本人自身に何らかの問題があるのかもしれません。少なくとも短期間で本人に問題がないかチェックするのは至難の業です。従ってこの本では、便宜《べんぎ》上対象外にしておくことにします。


さあいかがでしょうか。

もし、これらのチェックポイントをすべてクリアーした相手と本当に結婚できたとしたら、これはものすごいことです。

多くの30代女性に、夢と希望を与えることができるでしょう。どうです？　本でも書いてみますか？　たとえば『30歳からでも遅くない！　いい男をゲットする奇跡の大逆転うっちゃり結婚大作戦』というような……。

ただし、皆さん！　もし本当に30歳すぎて条件のいい男性と巡り会い、おまけに結婚まででできちゃったという話が本当にあったとしても、自分も大丈夫だと思ってはいけませんよ。

やはり30歳からの結婚は例外中の例外であって、決して一般的ではないということだけはよく注意しておきましょう。

すべての物事には、必ず例外というものがあるのですよ。ですから世にも稀《まれ》な珍しい一例を取り上げてみて、これみよがしに一般的事象を否定されても困るのです。たしかに事例がゼロだとは言いませんよ。しかし奇跡的であるというのも、また事実なのです。多分あなたが余程若々しく見えて美しかったから、相手があなたの年齢を確認する前に恋に落ちてしまったのかもしれませんね。もしくは誘惑ギリギリで頑張って、相手が逃げられない状況に追い込んで責任を取らせたのかもしれませんね。

多分特別な秘訣でもあるのでしょう。とにかく私には全く理解ができません。どうやって結婚までできたのか、詳しく教えてほしいものです。それはそれで置いておくとして、前にも書きましたように、宝くじで大当たりした人を見て私も可能と考えること自体、大変おかしな話なのです。説明しなくてもわかりますよね、

そのたとえと全く一緒のことで、30歳をすぎて素敵な男性と巡り会って、結婚までできると考えるのは、かなりおかしいのです。

やはり現実には絶対ないと思っていても、間違いないのです。しつこいですが、女が30歳にもなって結婚するのが大丈夫であるという根拠は、一体どこにあるのですか？　誰に対しても、明快に説明することができますか？

不可能でしょ。

　もしかしたら、次のようなとんでもないことを考えて自分を慰めていませんか。つまり30歳をすぎて結婚したカップルの方が、うまくいっているという様な。

確かに結婚して失敗だったと愚痴をこぼしているのは、ほとんどが20歳代で結婚した女性たちです。

不思議ですね。

だから30歳代の結婚には相手選びの失敗がかなり少なくて、満足度が高いのだという屁理屈が生まれてくるのでしょうか？

　馬鹿馬鹿しい。そんなことあるわけないでしょ。

20代の方が遥かに相手の男性に対する選択の余地がいっぱいあって、しかも熱愛してから結婚しているケースが圧倒的に多いのですからね。

　じゃあ一体どういうことなのでしょうか。

実は30歳代で結婚した女性は、ほとんどが条件をかなり落とした上での妥協結婚をしているのです。

ですから旦那に対する不平不満は、さらに追い打ちをかけて自分が完全な敗北者であるという事実を、はっきりと周囲に言いふらしている形になるのです。

したがって、はっきり離婚するという決意が固まらない限り、まず口が裂けても誰に対しても言えないのです。

つまりいくら苦しくても、じっと我慢するしかないのです。もし夫に対する不平不満を一言でも言ってしまうと、自分が惨めになるだけなのです。つまり女としてのプライドが完全に崩壊してしまうのです。

繰り返しますが、30歳になるまで粘りに粘った揚げ句の果てに、さらにろくでもない男性としか結婚できなかったという事実を、自ら認める形になってしまうのです。これは屈辱以外の何物でもありません。ですから逆に夫婦関係がうまくいっていなくても、周囲に対しては幸せそうに振る舞って、演技を続けるしか他に方法がないのです。それが女としての最後の意地というものです。

不平不満を言えば言うだけ、周囲からは笑われるだけなのです。つまり「30すぎまで結婚できずにいて、やっと結婚できたと思ったら今度は離婚危機かい。本当にどうしようもない奴だね。」というふうに。

ですから旦那が大した人物でなくても、周囲にはいい相手を選んで幸せですよ、とアピールするしか他に方法がないのです。

素敵な男性を選んだものだと周囲から思われていたいという女の意地だけで、実は破綻同然の夫婦関係だったりするケースも多いのです。ですからくれぐれも見かけに騙《だま》されないよう注意しましょう。

今後の日本経済の行方と結婚市場への影響について

現在日本は、実体経済面でも財政面でもかなり深刻な事態に陥っており、今後何十年かかっても完全に脱却することはまず不可能です。

なぜならば、想像を絶するような不良債権と財政赤字の山なのですから。今まで皆が皆バブルでさんざん踊り明かしてきたつけを、これから延々と支払っていかなければならないのです。そうでもしない限り、絶対に埋め合わせはできないのです。

恐慌か戦争でも発生してメチャクチャになって、すべてチャラにしてからまた資本主義ゲームを最初からスタートさせましょうよ、というような流れにでもならない限り、絶対に解決不可能なのです。

だからニュースや新聞・週刊誌で、連日の様に日本経済の深刻な状況を伝えているのです。つまりこれから皆さんの生活は、否応《いやおう》なく悪化してくるのですよ。そしてもう国民一人一人に犠牲になってもらうしか、他に負担をしてくれる人や機関はどこにもないのです。いずれえらい方々が何とかしてくれるはずだって？　甘いね。甘い甘い。砂糖の入れ過ぎには十分注意しましょう。バブルが崩壊してから今までかなり無理して頑張ってきたにもかかわらず、どうしようもなかったのですよ。

本当に具体的な不況脱出方法があれば、今すぐにでも教えて欲しいものですし、今すぐにでも実行してもらいたいものです。でももう全く何の策も打てないほど、追いつめられてしまっているのです。

この点に関しても、女性30歳問題と同様に日本人は安全理論が大好きで、なおかつ楽観的すぎるので、今日のような深刻な状況を招いたと言えます。先延ばしをしていると将来一体どうなってしまうのかについて、一つの参考事例になるでしょ。

それとも女の30歳問題を経済問題に置き換えるのは難しすぎて、身近な例としての実感ができませんか？　じゃあわかりやすくズバリ言えば、30歳のあなたは結婚市場における立派な不良債権なのですよ（まあまあ、怒りを静めて静めて……）。不良債権でのたうち回っているのは、銀行だけじゃないのですよ。

さて不況がますます深刻な状態になってくると、学校を卒業してもどこにも就職ができない女性が大量に発生してきます。

これはあなた方にとっては、大変まずい現象です。学校を出ても就職ができないまま、いつまでも親のすねをかじっているわけにはいきません。そして失業状態でいるくらいなら、結婚していた方が遥かに豊かで充実した生活を送ることができます。

結果としてこれからの若い女性は、かなり結婚に対して前向きになってきます。つまりこれからは結婚市場に、大量に質の良い(?)女性が流入してくることを意味しているのです。こうなるとますます三十女が、結婚市場から追いやられてしまいます。どう見ても勝ち目はありません。

今までは男女雇用均等法の関係上、やる気のある女性には男性と同等の立場と給与が約束されていました。ですから経済的側面だけから見ると、結婚する必要性はほとんどなかったのです。しかしながらこれからは、特に女性に対してはかなり厳しくなってくると思います(採用担当者は、表面的には男女平等なので関係ありませんと、完全否定してくるでしょうが……)。

企業が女性を採用したがらない主な理由は、扱いにくいのと、休暇が多いのと、せっかく教育しても結婚その他でやめてしまう可能性が、男性よりも比較にならないほど高いからなのです。

企業の本音としては、女性には4～5年で新人と入れ替わってもらえるような単純業務だけを任せておきたいのですが、残念ながら最近はなかなか都合通りに循環してくれなくなりました。しかしながらこれだけの深刻な経済状態が続くと、さすがに今後はお構いなしになりそうです。

つまり今までみたいに皆が皆、豊かな経済生活をエンジョイすることはできなくなってしまいます。

そもそも今までがバブルの幻を見ていただけで、資源も何もない狭い国土で一億人以上もの人々が豊かに暮らしていけたこと自体奇跡的だったのです。

今後日本は30年以上前の生活水準に逆戻りして、女性は学校を出たら4～5年以内に結婚する以外全く人生の選択余地がない状況になっていくことでしょう。

結果として現在の30代女性だけが一生結婚できないまま、そのまま独身老女と化していくことになるでしょう。

今の30歳代より上の世代では、御覧の通りほとんどの女性が結婚をしています。また下の世代は、昔の健全な(?)状況に戻って、ほとんどの女性が結婚していくことでしょう。

現在あなたの周囲では、30歳をすぎても結婚していない女性がかなり多いので、比較しながらある意味、安心しているのかもしれませんね。

でも今後あなたは、ますます惨めな状況に追い込まれていくことになるでしょう。このような惨めな状況に耐えていく覚悟はできていますか？　できているわけがありませんよね。じゃあどうするのですか？　答えは自《おの》ずと出てくるでしょ。

そこら辺のところを、よく考えてみてくださいね。

もし一生独身だと一体どうなる？

ところでもしあなたが一生結婚できないとしたら、これから一体どういう困った問題が発生してくるのか、ここでじっくり考えてみましょう。

間違いなく想像を絶するような恐ろしい未来が待っています。

さて、その恐ろしい未来とは？　ちょっと勇気を出して覗いてみましょう。

説明するまでもなく、家賃、光熱費、その他諸々の生活コスト毎月10万円の負担を、一生背負っていかなければなりません。

これは食費や雑費を除いての話ですよ。しかも60歳の定年になるまで、ちゃんと働き続けることができるのでしょうか？

つまりリストラもされずに、若いＯＬからの中年おばちゃんいじめに遭《あ》ったとしても、じっと耐えていけるのでしょうか？（誰からも話しかけてもらえないとか、会合に誘ってもらえないという種類のいじめもあるので、必ずしも直接攻撃だけとは限りませんよ）。しかも、相談できるような頼りになる男性もいないままで……。頑張って女管理職にでもならない限り、将来あなたは間違いなく追いつめられてしまいます。

これら諸問題に関して、一つ一つ詳しく分析してみましょう。

(1) 老後の資金はどれだけ必要なのか

夫婦で毎月40万円近く必要なのは、ほとんど常識事項です。なんせ郵便局のポスターにもはっきりと書かれているほどです（ちなみに39万4千円必要とのことです）。ですからいくら最低限度の生活でも良いと割り切ったとしても、20万円強はどうしても必要になってきます。

「でもそれは夫婦二人で生活する場合でしょ！　私は一人暮らしの老女だから、もっと少なくていいの！」

確かにね。

つまり、もうあなたは老女一人暮らしになる覚悟をしているわけ？　ま、それはそれで置いておきましょう。でもね、いくら一人で一生過ごすからといったって、単純にお金は半分で済むというわけではではないのですよ。

家賃や光熱費の基本料金は、一人で住んでいても二人で住んでいても全く一緒ですからね。また一人で自炊していると、毎日同じものを食べたり食材を捨てなければならなくなって、意外と高くついたりするのですよ。ですから毎月25万円は、最低限度必要になると考えておいた方が良いでしょう。

だいたい今のあなたでも、それぐらい出費しているでしょ（お金があればあるだけ買い物し過ぎて、アップアップしているはずです）。

確かに今までの老人世代は、年金や医療面における国からの恩恵がたっぷりありました。しかしあなたの世代は、それこそ日本国が財政破綻してしまった後で、ほとんど年金が出ないかもしれないのです。

出ないかもしれないというよりか、まともに出ると考える方が完全におかしいのです。打ち出の小槌《こづち》など、どこにもないのですよ。一体どこからお金が湧いて出てくるというのですか？　あなたはちゃんとした説明ができますか。誰一人としてまともな説明はできないのです。

もし経済学者のお偉い様でしっかり説明できる方は、どしどしご意見をお寄せください。でも本当に安心理論・大丈夫理論を展開してきたとしたら、ひょっとしたら現在の経済学者の地位を失ってしまうかもしれませんよ。それでも勇気のある極楽とんぼ学者さんがいる様でしたら、お便りお待ちしております。

ところで生命保険だって同様なのですよ。皆さんから預かったお金は、そのままじっと銀行に貯金していたわけではなくて、活発に資金運用されていたのです。わかりやすく言えば投機。もっとひどい言い方をすると博打《ばくち》。結果としてバブル崩壊によって株や為替でスッテンテン。不良債権も山ほど抱えてしまっている現実は、もうご存じですよね。つまり皆さんから預かったお金は現在かなり失われてしまっていて、もう二度と戻っては来ないのです。

これから資金運用で頑張って、リカバリーしてもらえれば簡単に解決するって？　もしそんなことができるとしたら、これからどこかの誰かさんに大損してもらわないとつじつまが合わないことになります。

はたしてそんなにおめでたいネギをしょった鴨《かも》さんが、これから出現してくるのでしょうか？

百歩どころか万歩譲って、おめでたい鴨ネギさんが今後出現してくるとしたら、今後はその鴨ネギさんにお金を貸していた銀行・証券・生保が、またまたピンチになってしまいます。

結局負債は減らさずにそっくり残ったままで、婆ヌキゲームをやっているだけなのです。しつこいですけれども、打出の小槌はどこにもないと言っているでしょ。

結論だけはっきりと言いますと、これから私たちの生活はかなり大変になるということです。

一人で生活していると、単に寂しいという問題だけでは済まないのですよ。一人っきりではとても生きていけなくて、しかも誰からも看取られずに死亡して、3カ月後にミイラとなって発見されることになってしまいますよ。

そんなみじめな人生の結末が、あなたを待っているのです。

あまりにも悲し過ぎる最期ですね。

(2) 安全性の問題

一人暮らしは本当に危険ですよ。

これから一体何が起こるのか、全くわかりません。たとえば将来変質者にでもつけ回されたらどうします？　また、強盗に襲われたらどうします？　脅しでも冗談でもなく、これからの日本は間違いなく治安が悪化してきますよ。また病気や怪我をした場合も、一人っきりだと不安を感じますよね。

とにかく何が起こっても、すべて自分一人で対処していかなければならないのです。

あなたにはずっとずっと死ぬまで、一人で頑張っていく自信がありますか？

(3) 健康面の問題

いくら現在のあなたが健康美に満ちあふれていたとしても、10年後、20年後は全くわかりません。はっきりしているのは、老人になればどんな人でも必ずどこか健康を損なうであろうという事実です。

たとえ病気になっていなくても、満足に体を動かすことができない状態でひとりポツン。こんな恐ろしい現実は、完全に想像を絶していますよね。多分、どんな恐怖映画を観ているよりも、はるかに怖いと思いますよ。

それとも、あなたは恐怖映画や遊園地の恐怖絶叫マシーンが大好きなのですか？ 恐怖体験するのが趣味だということでしたら、いくら説得しても仕方ないですね。じゃあ思う存分勝手に、一生ただで恐怖の極地《きょくち》の日々を楽しんでいてくださいね。

(4) 心の問題

今、女性の友達がいっぱいいたとしても、みんないずれは結婚して次から次へと家庭に入っていきます。

つまりいずれ近いうちに、誰もあなたと一緒に遊んでくれる人はいなくなります。そうなった時（遅くとも40歳ごろには）、ポツンと一人っきりで狭い部屋にいる光景を想像してみてください。

たとえいくらつらくても、一人でいる不安感と、エンドレスで続く孤独の日々を送っていかなければなりません。どうしようもないほどの耐え難い苦しみが、そこにはありませんか？

また、この世に生まれてきて結局誰一人として心を通じ合わせる事ができず、誰からも選んでもらえなかったという自己嫌悪感でも、いっぱいになることでしょう。つまりあなたは誰からも必要とされていない人間で、世間からも完全に疎外されているという哀れな思いを、嫌が上でも感じることになるのです。

とにかくあなたが日々生きていて、感じたことや思ったことに対して、誰も興味を持ってくれないという空しさがここにはあるでしょ。男性に対する選択権は自分にあるのよと自信たっぷりでいたのに、さすがに30歳にもなるとズキズキ心に痛みを感じるようになるでしょ。

そしてどうしても自分のことを想ってくれている人が欲しくなります。男性の意見や包容力がどうしても必要な場合も、これからいっぱい出てきます。でもあなたは、一生男性からの愛情を受けることは絶対にできないのです。ただみじめでかわいそうなあなたが、ポツンと一人寂しくいるだけなのです。

(5) 家族と同居している女性の場合

あなたはいわゆるパラサイトシングルですね。親兄弟姉妹に囲まれて、日々寂しさを感じないで済んでいますよね。

また金銭的にも恵まれているでしょうから、何不自由ない生活を送っておられることでしょう。大変おめでたいことです。

でも一人暮らしの女性と違って、あなたは孤独感に襲われることがないだけに、寂しさを意識できない分だけもっともっと深刻な問題が生じています。一体どういう問題でしょうか？

それはあなただけが気づいていない周囲の目です。

特に地方で30歳を過ぎて独身のあなたは、格好の井戸端《いどばた》会議のネタにされていることでしょう。親族の方々も大変心配しています（もしくは苦笑しています）。

脳天気なあなた以外のご両親やご家族の方々も、周囲に対する恥ずかしい思いで毎日大変苦しんでいるのです。それなのに、あなた一人だけがひょうひょうとのんきに過ごしているのです。この事実をあなたはまだ知らないのですか？

一体どういうことなのか、この場でしっかり教えてあげますね。とにかくあなたは周囲の人々から、人間としてまともではないと思われているのです。

またご両親に対するあなたの育て方に対する疑惑も、日々どんどん広がっているのです。たぶん、人間嫌いでわがままな性格で、誰とも向かい合っていくことができないような欠陥人間を育ててしまったのだろう、と思われているわけなのです。

周囲から勝手にどう思われても、仕方がないのですよ。すべてあなたの責任なのですから。いつまでも親不幸するのはやめましょうね。

でもさすがに関東エリアだけは特別なようですね。なぜならば30歳をすぎても、独身の女性がゴロゴロしています。職場でも、表立って陰口をたたかれる恐れはまずありません。とにかくあなたの年齢はあまり目立ちません（というか関心を持たれていないのです）。目立たなくて気付きにくいからこそ、危機感がかなり希薄になっているのです。

そして孤独感や疎外感がないまま月日が流れ、さすがにやばいと感じた時にはもうあなたは末期的患者で、手が施せない状態になってしまっているのです。

さすがにやばいと感じる時期は、30歳をはるかにすぎて、年齢の数字がぞろ目になった33歳あたりでしょうか？　でもそれでは、完全に遅すぎます。あなたはあまりにものんき過ぎます。とてつもなく鈍すぎます。

もし地方特有の様々なプレッシャーを受けていれば、一生結婚できない不幸な女性にならずに済んだのかもしれませんがね。

ご存知のように、幸か不幸か女性の寿命はかなり長いのです。あなたの愛するご両親も、いつかはこの世から去っていきます。一緒に住んでいた兄弟姉妹も、いずれは独立して家から出ていきます。そしてご両親がいなくなってから、何とあなたは20年も30年も一人で生きていかなければならないのです。

いくらご両親が持ち家を残してくれたとしても、自分ひとりで死を迎える自信がありますか？

あなたがポックリ突然死や老衰による自然死ができるのならば、まだまだはるかに幸せなのかもしれません。でも、たとえば寝たきりの痴呆性老人になって、糞尿垂れ流しの状態になったらどうするのですか？

そういう悲惨な状態になった時、ホームヘルパーを雇えるぐらいの蓄えは十分にあるのですか？　まあ普通のＯＬをやっているようでは、まず無理でしょうね。

さらに重い病に罹《かか》ってしまって、長期療養生活を送らざるをえなくなったら、一体どうするのですか？　もしそうなれば、何千万円というお金なんてあっという間に吹き飛んでしまいますよ。

普段何事にも慎重なあなたが、こういった現実的な問題を真剣に考えていないとは、本当に不思議です。まず起こり得ないような目先の問題に対してあれこれ悩んでいるくせに、どうしてもっと肝心な大問題を真剣に考えてみようともしないのでしょうか？　教えてくださいよ。

それとも、苦痛な相手と一緒に暮らすくらいなら、ひとりでいた方が良いからなのですか？　確かに物事には程度というものがありますが、最初は苦痛だと思えるような相手であっても、いずれは慣れてきますよ（もしくはあきらめがつきます）。

ひとりで一生過ごしていくのは、つまらない相手と一緒に過ごすのと同等か、それ以上の苦痛を感じることになります。きっと。

その理由は、今までいっぱい説明してきましたよね。

いかがでしょうか？

本当に怖い未来が待っているでしょ。

こんな恐怖が待っているくらいなら、29歳段階で誰でもいいから投げ売りしておくべきだったでしょ。

あなたが20歳代の時に見くだしていた男性のレベルは、30歳なってしまったあなたでは、とても通用しない雲の上の存在になっているのです。

あなたが自覚しているかどうかは別問題として……。しつこいですが既に30歳のあなたは、もう大暴落しているのです。ではこの現実を直視したあなたは、これから一体どうすれば良いのでしょうか？

30歳は結婚絶望年齢だと心底理解できたあなたへ

これからどうすればいいの？

女30歳は結婚絶望年齢であるということが、心底よくご理解いただけたものと思います。でも骨身にしみて理解してもらったからといって、これじゃあ何も始まりませんよね。このままでは単に絶望感に打ちひしがれて、自分の身の上の不幸をはっきりと自覚した女性たちを、大量に発生させただけで終わってしまいます。

そこでこの本が不滅の名著(?)たる所以《ゆえん》は、多くの女性にはっきりと現実を理解してもらうと同時に、これからのあなたの立ち直り方をも明示しているところにあるのです。

つまり絶望の真っ只中《ただ》にあっても、この本には救いがあるのです。ですから何とか頑張ってみて、あなただけは現在の底なし泥沼地獄からはい上がってください。つまりこの本を読んだあなただけでも、幸せを掴《つか》み取りましょう。

それでは具体的に、これから一体どうすればいいのでしょうか？　しつこいですが、もうあなたには残された時間は全くありません。

ですからウルトラC級の玉砕《ぎょくさい》戦法を立てて、誰でもいいから結婚してもらえる様お願いするしか他に方法はありません。
そこでとっておきの戦略方法を、あなたに伝授しましょう。

(1) まず心構えについて

当然の話ですが、もうあなたには妥協結婚以外の方法は絶対にありません。ですから間違っても、恋愛結婚にこだわってはいけません。そもそもあなたは、もう恋愛できるようなお年頃ではないのです。相手に対する興味も積極性も感性も、完全になくなっているでしょ。ですから30歳からの結婚は、まずあきらめるという決断がしっかりできているかどうかにかかっているのです。

余計なことは、一切考えてはいけません。これからは結婚という結果だけを追求する、いわば一種のお仕事になるのです。

つまりわくわくどきどきするような恋愛ゲームの要素は、全く入ってこないのです。デスクワークのお仕事のように、淡々と着実に進めていきましょう。そして途中で投げ出す事なく、最後までしっかりと頑張って仕上げましょう。とにかく、あなたにはもう完全に後がないのですから。

よくわかりましたか?

(2) 男性との出会い方について

さて心構えがしっかりできたら、次に男性との出会いの機会をどんどん増していかなければなりません。その方法として一般的であるお見合いは、今のあなたにとってかなり難しいと思います。その理由は自由恋愛主流の今の時代に、30歳の女性をターゲットにお見合いしたいという男性には、ろくな人物がいるはずがないからです。

そもそも若い時期であっても、お見合いでは大した男性と巡り会えないというのが一種の常識です。何ならあなたのお友達の中に必ずいるであろうお見合いの達人にでも、そこら辺の事情をよく聞いてみてください。

「本当につまらない男しかいないの。」と愚痴《ぐち》をこぼしながら、詳しい現代お見合い事情を延々と語ってくれることでしょう。相手の男性も全く同じことを思っているなんて露《つゆ》知らずに……。

とにかくお見合いは、かなりの労力と時間および神経を使います。その割には見返りがほとんど期待できないのです。

結局、お見合いすることは、あなたの貴重な時間の浪費につながりそうです。従って見送った方が無難でしょう。知り合い・友人・自然な出会いも全て絶望的である理由も、既に説明しました。

ではどうすれば良いのでしょうか？

いまさら職場での出会いなんて考えられないし、ましてや人脈をフルに使っての相手探しも無理です。

とにかくここまで追いつめられてしまった以上、手っ取り早くお見合いパーティーにでも出掛けてみるのが、実は一番良い方法なのかもしれません。

いわゆる〝ねるとんパーティー〟というやつです。

(3) お見合いパーティーについて

それではパーティーの選び方、および進行方法について説明しておきましょう。関東エリアで言えば、『じゃらん』等の雑誌に掲載されています。

様々なイベント会社主催のパーティーが掲載されていますが、その中で最も信用度が高いと思われるものを選択しましょう。

つまり、まともそうな男性がいっぱい集まるパーティーを選ぶのです。

まず男性の参加条件面がしっかりしていることが重要です。

大学卒や年収で参加者制限をしたパーティーであることが、あなたにとっては絶対条件になります。

事前に男性側の身分確認をすると書いてあるものは、なお安心できます。

また、パーティーを開催している場所・会場も一つのポイントになります。

皆が集まりやすいような交通の利便性がいい場所、もしくは有名ホテルで開催していた方が好ましいです。

女性の参加料金はどこも大変安いのですが（五百円から千円程度）、できたら少々高めのものを選んだ方がいいと思います。

なぜなら冷やかしではなくて、真面目に結婚しようという意識の高い女性と出会えるだろうという様な、安心感を呼ぶからなのです。

それから結婚を意識している以上、必ずパーティーの募集タイトルにもこだわりましょう。

何でもいいからとにかく出てみよう、というやり方はまずいです。

ですからタイトルは参加資格重視、もしくは結婚・恋愛と書いてあるものの中から選びましょう。

また、友達と一緒に出ても構いませんが、ベッタリおしゃべりしながらひっついていないよう注意しましょう。

その理由は、男性があなたを誘いにくくなるからです。もっとも、お友達が好印象を持たれるような相手でしたら、おこぼれが廻《まわ》ってくるかもしれません。こういうケースのみ、逆にベッタリしておくことをお奨《すす》めします。

次にパーティーの中身についてです。大体次のような内容だと思っていて間違いありません。まず最初に全員と短時間（3分間程度）の会話があります。それから中間投票を行い、フリートークタイムに突入していきます。開始早々、次から次へと男性が登場してはどんどん流れていくので、ぼーっとしていると全員会話し終わった後で、誰が誰なのか全くわからなくなってしまいます。

ただし時間が短すぎて相手のことがわからないからといって、中間投票を見送る行為だけは絶対にやってはいけません。

ではどうやって相手を絞ればいいのでしょうか。まず趣味の一致や、相手の会話力のインパクト、もしくは会話が盛り上がったのかどうかによって、ふるい分けを行っていくのです。

当然、勤務先、出身校、年収、年齢は最も気になる項目ですので（普通、自己紹介シートに書いてあります）、あなたの価値判断に見合う男性を絞りながら、確実に選択していきましょう。

そして一番最初に話した人をベースにして、次に登場した人と比較してどうなのか、その場でしっかり判断しておきます。

つまりこの段階で1人だけ候補として残っており、もう1人の男性は記憶から完全に消し去った状態になっていないとダメです。ただし最初の男性と甲乙付け難くてドローであった場合は、この段階で2人が意中の男性で残っている状態になります。

そして3人目以降は混乱しないように、必ずベスト2を最後まで保持できるよう、ふるい分けを続けてやっていきましょう（メモを取っても構いません）。

こうしておけば全員と話し終わった段階で、確実に2人に絞られているはずです。別に3人残ったとしても、構いませんけれどもね。

それでももし、4人以上気に入った人がいるようでしたら、間違いなくあなたは混乱状態に陥っています。そんな時は鉛筆でもころがしながら、とにかく誰か3人に投票するしかありませんね（今時鉛筆かい？）。

ただし、次に始まるフリートークの時間帯に中間投票した意中の人が来てもらえないと、残念ながらカップルの成立はまずあり得ません（あなたが美形の方である場合は例外で、話ができなくても相手の男性はまず投票してきます）。

それから実はほとんどのパーティーでは、女性の方は基本的に座ったままで、選択権は全くないのです。つまり相手に見初《そ》められない限り、自力ではどうにもできないのです。ですから最初会った時愛想のいい会話をしておけば、再び意中の相手が話に来てくれる可能性が高まります。

ここで注意が必要なのは、意中の相手が来てくれたからといっても、別にあなたのことが気に入っているとは限りません。あなたは相手から希望されたような錯覚に陥《おちい》って気持ちが良いかもしれませんが、舞い上がったり誤解してはいけませんよ。受け身になって話してあげるという様な態度をとるのではなく、あなたからもある程度積極的に話しかけないとダメです。

最終的にカップルが成立しなければ、それでもう完全に終わってしまうのですから。

それからもしカップルが成立したとしても、ほとんどのケースは一回会ったきりで終わって、その後の交際が継続できていない様です。これは別にパーティー自体がいい加減だというわけではありません。

交際が継続できない大きな理由としては、会話する時間が大変短いので、お互いほとんど相手のことがよくわかっていないからなのです。

お見合いとは根本的に違うのです。つまりカップルになるのはほとんどがタイミングだけの世界ですので、お茶でもしながら2時間話していればイメージとかなり違うなあ、と強く感じるケースが多いのです。でも大概《たいがい》のケースでは、女性の方が頑張りさえすれば、なんとか交際は続けられるのです。

それでもどうしてもピッタリこなかったら、恥ずかしいと思わずにすぐに次のパーティーにチャレンジしましょう。とにかくあなたには時間がないのですから。

つまり翌週のパーティーに、すぐ参加の申し込みをしておきましょう。

ただし、パーティーの常連になるのだけはやめておきましょうね。

なぜならばいっぱい男性を見過ぎると、次にまた素敵な男性に巡り会えるかもしれないという期待だけが増大してしまって、ちょっとしたことですぐに交際を続ける気がなくなってしまうからです。

つまりまた次のパーティーに出て相手を探せばいいや、というような気持ちになってしまうとまずいからです。

確かにパーティーは毎週のように開催されていますので、次から次へといい男性に出会えるような錯覚に陥ります。

そのような状態になってしまうと、1人の男性を選択することが難しくなってしまいます(元々気難しいあなたなのに、さらに輪をかけて)。ですからパーティーに1回出ただけでバシッと相手を決めろとまでは言いませんが、せめて2、3回行く間に必ず相手を1人しっかりと選びましょう（複数交際相手ができたとしても、別にいいじゃないですか）。

(4) 交際相手が見つかったら

さて、誰でもいいから何とか交際できる相手に巡り会えたとして、その後どうすればいいのでしょうか。

大事な事は、絶対に自分から投げ出さずに、じっくり交際を継続させるということです。

パーティーは、あくまでも出会いのきっかけにすぎないのです。

すぐにこの人と結婚するのかもしれないと考えてしまうから、交際する意欲がすぐに消滅してしまうのです。

大丈夫ですって。心配ご無用。

あなたがいくら頑張ったとしても、そんなに簡単に結婚までは至りませんよ。なぜならば何度も言っていますように、あなたはもう30歳という常識的には既に結婚するのが絶望的な年齢になっているのですから。

それからあなたと付き合っている男性の方も、かなり無理して頑張っているのだということだけは絶対お忘れなく。

どこの物好きが、あなたみたいなおばちゃんとデートしなければならないのですか？

あり得ないことでしょ。

端《はた》から見ていても、本当にかわいそうだと思います。涙なしには語れないボランティア活動の極《きわ》みと言えます。ですから「私みたいなおばちゃんと交際してくれてありがとう。」という様な感謝の気持ちを常に持って相手に向かっていけば、全然違ってくると思います。

相手はあなたが考えている以上に、素晴らしい魅力にあふれた男性です。一見何も魅力がないように見えたとしても、絶対に人間が人間たる所以が必ずあるのです。必死になってその人のいいところを、一生懸命探してみましょう。

そもそも1回や2回会っただけで、その人のことすべてがわかるわけないでしょ。段々付き合っていく間に相手のいいところがわかってきたら、細かい欠点など別にどうでもよくなってきます。

しつこいですが、あなたには30歳という大きなハンディーがあるということを、十分認識しておきましょう。

つまり致命的な欠点が、あなたの方にあるということを……。

とても相手に条件を求めることなどできないのですよ。

もしあなたがもっともっと若ければ、相手に対してとんでもない条件を付けたとしても、通るかもしれません。でも30歳のあなたは、何ひとつ相手に対して条件を付けることはできないのです。

ですから変なプライドはかなぐり捨てて、自ら積極的にガンガン動きましょう。別に色仕掛けしてまで相手を落とせとは言いませんが……。

大丈夫ですって。

繰り返しますが、いくらあなたが頑張ったとしても、なかなか結婚までは辿《たど》り着けませんから。

変な心配は全く要《い》らないのですよ。

これだけ無理を重ねて頑張ったとして、それでもあなたの結婚できる可能性はほとんど残っていないのです。どうして?

そこであなたに、ちょっとびっくりするようなデータをお見せしましょう。

実は18歳が女性で50歳までに結婚しない生涯未婚率は、何と17・9%に上る可能性があるのです。

これは国立社会保障・人口問題研究所の高橋重郷人口動向研究部長が、97年度に発表した見解の中で示された数値です。

つまり30歳になった段階で未婚の女性は30%程度でしょうから、あなたが一生独身で終わる確率は、既に50%以上になっているのです。

これはじゃんけんで勝負して勝つか負けるかというような、極めて高い確率です。どうです？　恐さを実感できましたか？

とにかく現在の不幸は過去のあなたの今までの行動様式の報いであり、またこれからの生き方が未来に投影されてくるのです。つまり全てあなたの責任なのです。

誰にも一切文句を言えません。ズバリ言えば、今までのあなたの生き方すべてに問題があったのです。

30歳まで結婚できないなんて、どう考えてもかなりおかしいのですよ。

あなたは24～26歳という最高条件を満たしていた3年間一体何していたのですか？

ま、色々あったのでしょうね。たぶん結婚より他のことに夢中だったのでしょう。

しかし27～29歳という最後の3年間を、なぜもっと集中して充実した日々を送っていなかったのですか？　どうせ、ボケーッとしていたのでしょ。

本当に不思議です。

とにかくもうあなたは、既に光り輝くばかりの20代の若さと美しさを失ってしまっているのです。そのくせあなたはなかなか男性にダウンしにくくなっている、超ディフィカルト・オールド・ウーマンなのですからね。

これは男性から見て、かなり厄介《やっかい》な存在なのです。

まじに大変な事態なのですよ。

とにかくあなたが想像しているよりも、何百倍も何千倍も大変なことなのですよ。想像を絶する恐ろしい世界に、あなたはもう既に入り込んでいるのです。

とんでもない状態に陥っているあなたは、これから一体どうするのですか？

他人事ながら、とても気になります。

とにかくここは歯を食いしばって、踏ん張って交際を続けてみましょう。

(5) 交際を継続させるためには

ここであなたが最も克服しなければならない重要な問題点について、説明しておきましょう。

それは感性の一致や心理的な盛り上がりがなくても、十分に結婚はできるということです。結婚生活を何年も続けていけば、普通お互いの愛情は深まっていきます。ただし、そうなるまでは、様々な点で忍耐が必要になります。

つまり我慢して頑張っている間に、いずれ克服できるようになってくるのです。しかもいずれ2人の間に子供ができれば、さらに友愛の情は高まっていくことでしょう。

こうして2人の間で時間をかけて融合・融和が図れてくれば、初めて出会った時の印象や交際中のイメージの悪さは、完全に消え去っていることでしょう。ですから基本的ベースがしっかりしているかどうかが全てであり、フィーリングは二の次三の次なのです。ここら辺の事情も、よく理解しておいてください。

ま、それだけ頑張ってみても、相手から交際を断られた場合は仕方ないですけれどもね。でも相手からきっぱりと断られない限り、本当にこれがラストチャンスだと思って、必死になって頑張ってみましょう。

(6) 交際期間は3カ月まで

そして付き合い始めてから3カ月以内で、結婚するのかしないのかの判断をしましょう。3カ月以上時間をかけて交際を続けるのは、全くもって無意味です。

それこそ半年も一年も交際していて別れたら、あなたは今よりもっともっとおばちゃんになっているのです。

そうなってしまうと、もう奇跡が発生する余地すら完全になくなってしまいます。ですから相手に安々と逃げられないように、常に相手に対してプレッシャーをかけておくことをお忘れなく。何度も言っていますように、交際期間よりも交際密度の方がはるかに大事なのですよ。

とにかく頑張ってみてください。

陰ながら応援させていただきます（いくら頑張ったとしても、やはり30歳になったあなたの結婚は無理だと思いながら……）。

付　記

結婚相手の問題点について

(1) 婿《むこ》養子との同居結婚

結論から申し上げますと、絶対にやめた方が賢明です。

理由は30年以上昔とは時代が違っていて、同居するメリットがほとんどないからです。

同居という制約条件のある中で相手探しをしているあなたのご苦労は、本当によくわかります。

今からでもいいので、このようなおかしな制約から解放してもらう様、ご両親を説得してみてください。

あなたが30歳になっても結婚できなかった大きな理由は、実はここにあるのかもしれませんね。

ではどういうことなのか、じっくりと分析してみましょう。

同居を了承する男性とはどんな人物なのか

そもそも今の時代に、相手の親と同居しても構わないと考えるのは、一体どんな人物なのかということを考えてみましょう。まず同居のメリットは、自分で持ち家を建てる必要がないところにあります。当然家賃負担も必要ないので、経済的にもかなり楽な生活が送れます。

つまり経済力に自信のない男性、つまり今まで安楽で怠慢《たいまん》な生き方をしてきて、今後も同様に楽な生活をしていきたいという発想の持ち主です。

必然的に自分の条件面が悪すぎるから、同居という条件も簡単に飲める人物ということになります。

連動して、あなたの嫌がる学歴の低い人物という事になります。当然就職先も、ほとんどが中小零細企業です。ですから自分一人で食べていくのが精いっぱいの状態で、とても結婚して妻子を満足に養っていく事はできません。

つまり結婚市場において大苦戦している男性は、このゾーンに集中しているのです。

とにかく婿養子との同居結婚は一種日本特有の古くて悪しき制度であると断言できます。しかし当然ながら、例外はいくらでもあります。

例えば名門一族に入りたかったり、会社経営に参画してみたいという意欲のある青年を家に迎え入れるケースです。

ここでは持ち家だけ所有しているやや裕福な普通の家庭に、婿養子として入ってくる人物が問題だと言っているのです。家の一軒ぐらい自分の力で建てようというような気概《きがい》のない人物は、とても男とは言えません。

昔と現在の婿養子との決定的な違いについて

ところで、30年以前の状況はどうだったのでしょうか?

当時は日本特有の平等社会でした。

つまり平社員と部長さんとの経済力格差は、今の時代とは比較にならないほど少なかったのです。ですから、持ち家を建てずに相手の家に同居ができれば、数万円の給与格差などすぐに帳消しができる程の魅力があったのです。ですからたとえ平社員で会社生活を終えたとしても、えらくなった人とあまり変わらない豊かな生活を送ることができたのです。

また学歴的にもほとんどが高卒で、大卒は珍しい存在でした。

しかし今の時代は階級社会の復活といわれており、能力のある人とそうでない人との経済的格差が、凄まじい勢いで広がっています。

そして「和を以って貴しと為す」というような、皆でお手手つないで和気あいあいと会社生活を送れるような雰囲気は、今やどんどん消滅しつつあるというのが現状です。もっと具体的に言えば、同期で年収五百万円程度の差は、もう当たり前になっています。これだけの経済格差があれば、それこそ20年も経れば1億円以上の差になってしまいます。それこそ軽く億ションが買えてしまいます。

果たして同居のメリットで、埋め合わせができるような金額でしょうか？

それから医学の進歩その他により、人間の寿命ははるかに延びてきているのです。また昔とは状況がかなり違っていて、70歳代の後半になる頃までは元気いっぱいですので、介護の必要など全くいらない状態なのです。

もしあなたが30歳頃に結婚できたとして、ご両親はまだ60歳前後でしょ。だとすれば10年以上は、ほとんど同居している必要性は全くないのです。

それによく考えてみてください。

他人を家族の中に迎《むか》えるというのは、あなただけでなくご両親もプレッシャーを受けます。また特に新婚時代は、2人きりで一緒に過ごしたいでしょ。

とにかくたとえご両親は喜んだとしても、あなたにとっては百以上のデメリットがあって、一生苦しむことになります。

本来あるべき姿として、親は子供の無限に広がっている可能性の芽を奪ってはいけないのです。同居は間違いなく、将来子供が活躍できるであろうあらゆる可能性を奪い取ってしまいます。そして将来生まれてくるであろう次の世代の子供の可能性をも……。ずっとずっと不幸が連鎖していくのです。

とにかく同居結婚は単に親のエゴだけの風習ですので、この悪しき連鎖構造はあなたの代で断ち切りましょう。

またしてもタブー領域に触れてしまったので、間違いなく読者の皆様から（今度は親の世代）、猛烈な反発が予想されます。

そこで予想される反論意見を想定してみて、この場でお答えしておきましょう。

反論その1　恩返しするのが子供の義務では

今まで育ててきてもらった親からの恩を、将来返していくのが子供の義務というものではないのか。

回　答

こういった考え方自体が、大間違いであるという事をよく認識しておいてください。理由に関しては、次の通りです。

日本特有（特に田舎）の慣習は、21世紀に突入したこれからの時代では、急速に廃《すた》れていく方向に進むことでしょう。

世界的に見ても、今や極東アジアの数カ国だけに限った古い風習と言えます（社会学者の皆さん、もし間違っていたらご免なさいね）。

そもそも子供をつくった以上しっかりと育て上げるのが親としての責任ですし、計算高く将来の見返りを期待している方がおかしいのです。つまり自分の生活は、しっかりと自分で守っていくべきなのです。

とにかく自分の子供に頼るという生き方は、絶対に間違っています。子供に頼らないで安心した老後を迎えるためには、元気で働ける間にしっかり預金をして、将来に備えておいてほしいものです。

反論その2　家を守り続けてきた先祖に申し訳ない

今まで先祖代々続けてきた慣習であり、家を守るために必要である。だから私の代で終わらせるのは、先祖に対して申し訳ない。

回答

そもそも家意識自体が、大変おかしな考え方なのです。何百年も続いている名家だったり、大企業の創業者一族であるというようなケースを除いて、別にこだわる必要性はないはずです。周囲にいる他人の皆様は、全くあなたの家系など意識していませんから。

ですから家を存続させること自体に、一体何の意味があるというのでしょうか？　どう考えても何もありません。もう昔の日本ではないのです。

時代は急激に変化しており、グローバルな世界の中に日本はいるのです。ですから鎖国時代の名残のような古い慣習は、もうやめるべきなのです。そして本当の人間の幸せとは一体何かということを、しっかりと見つめてほしいと思うのです。

ちなみに欧米では、高齢者と子供の同居率は最も高い国でも5％前後で、北欧ではほとんどゼロに近いそうです。

(2) 学歴が低い男性の問題点について

では学歴が低い人物は、どういう問題点があるのか考えてみましょう。

単に知識が少ないとか、理解力が劣っているという問題点だけではないのです。一般的にはその人個人の頭の良し悪しであるという事で話は片づけているのでしょうが、私は絶対に違うと思います。

なぜならば暗記力や理解力がたとえ人より劣っていたとしても、努力すればかなりの部分は克服できるからです。

大学入試では、試験会場で新しいことをパッと覚える能力や、初めての事柄を説明してからすぐに理解できるスピードを試す試験は、ほとんどありません。単に試験の前日までに準備していた知識を、ペーパーに吐き出すだけなのです。

ですからたとえ普通の人の何倍も、記憶したり物事を理解するのに時間がかかったとしても、試験の結果としては全く同じになるのです。つまり一つの物事を暗記したり理解さえしてしまえば、スピードに関しては全く要求されていないのです。ですからコツコツ努力して知識を積み重ねてさえいけば、さすがに超一流大学は無理だとしても、他人様の前で恥ずかしい思いをしないで済むような学校に入学することは、十分可能なのです。

コツコツ知識を積み重ねていく地道な努力ができなかった男性は、明らかに何らかの問題点があると考えておいた方が無難です。

何も学歴は友達に自慢したり、出世や高収入を約束するパスポートでもないのです。

ただし本人の資質や生き様を伝える、一つの大きな証明書になっているのです。ですからある程度はこだわった方が良いのですよ。

では学歴が低い男性は、具体的にどんな問題があるのでしょうか？

まずはっきりしていることは、意欲的に自分を高めていったり、目標を持って最後までやり遂げるという意志の弱い人なのです。

そういったガッツが欠如している男性は、生活の様々な場面でいっぱい問題を引き起こします。必ずあなたをがっかりさせることでしょう。

もっと言えば、本人のやる気に大いに問題がありそうです。繰り返しますが、ガッツもない上に、のんべんだらりとした怠慢《たいだ》な生活習慣が身についているのです。

また幅広い人生経験や、友人の質とか数にも問題がありそうです。

結論として、高学歴のあなたとは価値観が決定的に違うという事なのです。

(3) 育った環境や価値観の違いの影響について

今まで育ってきた環境や価値観の違いは、結婚生活をしていく上で一体どういう影響をもたらすのでしょうか。ちょっとここで考えてみましょう。

わかりやすい例えでは、何か問題が発生した際に解決していこうという強い意志があるのかどうかという点に、かなりの違いが出ます。

当然ながら、若いときに頑張って努力してきた人は意志が強いので、難局を克服するための努力を惜しまない行動に出る確率が極めて高いのです。ところがそういった経験がない人は、すぐに別にどうでもいいじゃないかという気になって、何もかも面倒になって投げ出してしまうという行動パターンが多いのです。

その理由は成功体験がほとんどないので、頑張って問題を克服した後の爽快《そうかい》感をほとんど知らないからです。

とにかく面倒な事に巻きこまれたら、少々不便であっても我慢しておこうというような発想の持ち主なのです。ですからそもそも相手に期待をする方が土台無理なのです。

もし相手に唯一期待できるとしたら、スポーツや芸術などの勉学以外に価値観を見出して、頑張ってきた人だけです。

もし相手が該当していれば、例え知識量は乏しくても、ガッツや信念の強さによる問題解決能力に期待が持てるかもしれません。それでもやはり不安が残ります。それはスポーツもしくは芸術等で、一流の域に達していないからです。つまり何事も中途半端で終わってしまったという大きな問題が残っているからです。スポーツや芸術活動にとことん打ち込むのなら、プロになるか、大学に推薦でいけるぐらい頑張って実力を発揮していないとダメです。

そしてもし自分の才能が大したことがないとわかった時点で、無難《ぶなん》な勉学の道を歩むべきでした。

ある意味で、本人の判断力のまずさも問われそうです。

とにかくこういう人物は疑惑があまりにも多すぎるので、事前に回避しておくべきなのです。

結婚意欲を妨げる本人の問題点

あなたの年齢という悪条件に関しては、いまさら述べるまでもないのですが、年齢以外の悪条件に関してもちょっと触れてみましょう。

たとえばあなた自身に対する悪評が立っていたり、学歴がなかったり、健康を害している場合などです。またご本人以外に親兄弟姉妹・親族の誰かが、何らかの問題を抱えてる場合も含まれます。

問題が大きすぎる場合は不安が先立ち、自信も喪失して、結婚意欲も減退してしまうと思います。

つまり将来傷つくかもしれないと思い込んでいて、結婚に対して前向きな姿勢が取れないのです。

これらの諸問題に対して、どうすれば良いのか一つ一つ回答していくわけにはいきません。

あなたがどうしても気になっていて、今すぐにでも解決したいという強い意志をお持ちでしたら、本屋さんか図書館にでも行ってみて、個別事項について詳しく書いてある書物でも手に取ってみてください。必ず解決の糸口が見つかるはずです。

一番まずいのは、悩んでいていつまでも動かないまま、時間だけ浪費していく事なのです。

たぶんこれらの諸問題は、この本の読者の誰もが、必ずどこかは該当しているのではないでしょうか？

だからといって、何も結婚ができないというわけではありません。あなたがものすごい障害になると勝手に思い込んでいるだけで、実はほとんど問題にならないケースが大半なのです。

なぜならば現代は自由恋愛が主流の時代です。つまり相手の諸条件を照らし合わせた上でスタートするお見合いの比率は、かなり少なくなってきているからです。もっとも、あなたが皇室関係者や名家一族のところに嫁ぎたいということでしたら、確かに障害が大きすぎて、まず乗り超えることは不可能だと思います。

しかしほとんどのケースは、あなた側に少々の問題があったとしても、結婚を妨げるような決定的理由にはまずなり得ません。

たとえばあなたの実家がかなりの貧困状態で、結婚式の費用すらまともに払うことができないとしましょうか。でも男性側にある程度の経済力があれば、ほとんど問題になりません。つまり相手から結納金をたっぷり用意してもらえば良いのですから。

新婚旅行の費用も、全額相手に用意してもらえるでしょう。場合によっては結婚してからの出世払い(?)にしてもらってもいいかもしれませんね。事前にあなた側の諸事情を正直に話しておけば、相手も頑張って何とかしてくれます。ですからいくら実家が貧乏だからといって、まともな結婚式ができないというような心配はご無用なのです。

その他様々なケースに関しても、何とかなるものです。愛さえあれば（ヒューヒュー）。

とにかく昔のような家同士の格の違いがあってどうたらこうたらという問題は、今の時代はほとんど消滅しているのです。そんなことまで考えていたら、皆が皆結婚できなくなります。しつこいですが、時代が変わったという事だけはよく認識しておいてください。ですから古い時代の感覚でいるご両親のマイナス意見をいっぱい聞いて、変に自信を喪失ってしまって、結婚に対して消極的になっているようでしたら、これは大変まずいことです。

大丈夫ですって。

とにかく自信を持ってください（逆に思い違いのタカビーになってしまっては、絶対ダメなのですが)。

何度も言っていますす様に、人物次第なのですよ。

ひょっとしたらあなたはご自分の条件悪を、結婚から逃げるための都合の良い理由にしていませんか？　条件悪のことを話せば、ご両親からの結婚しろというるさい攻勢を押さえることができるとでも思っていませんか？　そんな子供じみた馬鹿なやり方は、すぐにやめましょう。

とにかく思い当たる方は、十分反省してみてください。そして自信を持って、結婚に対して意欲的かつ前向きに取り組んでいってください。

男性恐怖症

もし該当しているのなら、かなり頑張って克服していかなければなりません。あなたの家庭ではずっと性的なものを極度に回避しようという行動様式があって、小さい頃からずっとその影響を受け続けてきたのでしょう。

そしてあなたは完全な潔癖性になってしまったので、性的行為を忌避《きひ》するような行動をずっと今まで取ってきたのです。でも別の角度から見ればあなたは清純派路線を歩んでいる、堅実な家庭で育てられた娘さんであると言えますね。ただ若ければそれはそれで大変結構な事だったのですが、30歳すぎて処女だとしてもあまり喜ぶ男性はいないのです。

ところで男性である著者の私も、同じ病に罹《かか》っていました（いきなり告白が始まる）。何と31歳すぎまで、女性と一緒にお茶をしたことすらなかったのです。また異性とお手手をつないだのも、33歳になるほんの少し前だったのです。ましてや性的交渉は、33歳になるまで全く知りませんでした。つまり童貞だったわけです。

男性にしてこの潔癖さは、かなり珍しいことだと思います。

雑誌の類《たぐい》を見ていますと、婚姻前の性的交渉は当たり前のように書かれています。でも実際は皆が皆やっているわけではありません。純潔を守っている人は、現実的にはかなり多いのです（私のように男性の場合でも）。だからよくわかるのですよ。

ですからお友達みんながとっくに卒業しているのに、30歳にもなって自分は処女（童貞）だからといって、何も不安を感じる必要はないのですよ。引け目を感じる必要性は全くありません。ただしいつまでも男性恐怖症の状態で過ごしているのは、大変まずいことです。

愛し合うという行為は男女の愛情の高まりと共に、ごく自然な流れの中で行われるものなのですよ。大変素晴らしい純粋な愛の世界なのです。

私はこうやってえらそうに講釈《こうしゃく》をたれていますが、これら全てを理解して実践に入るまでには、かなり長い時間がかかりました。いつまでも相手に対してお手手さえつなげなかったので、情熱不足と思われてしまって、多くの女性を失ってしまいました。

つまり付き合っていてもいつまでも進展がないという理由で、別れを告げられてきたのです。

現在だったら全く大丈夫なのですけれどもね。

とにかく愛し合う男女につきものの性交渉は、何も動物的で汚らわしい行為というわけではないのです。変な考え方を持つことなく、積極的に前に進んでいくようにしましょう。

こんな私でも後々克服して、ちゃんと社会復帰(?)できましたよ。

あなたも大丈夫ですよ。頑張ってみましょう。

最後に　結婚相手の決め方

さすがにあなたは待ったなし状態で、かなり無理をしてでも結婚へゴールインしなければならない年齢になっていることは、今さら言うまでもありません。

ですから今まで再三再四投げ売りしてでもいいからさっさと結婚に向かいなさいと、あなたを説得し続けてきました。ですからもう十二分に理解していただけたことと思います。

だからといって、やはり誰でも良いからむやみやたらに結婚することは、いくらなんでもできないでしょう。

いや、できないに決まっています。もし簡単にできる能力がある人は、どんなに遅くても29歳の段階ですんなりに決断ができていますからね。

ある意味では開き直っているかもしれませんね。

ですから今から述べることは、投げ売りしてでも結婚しなさいという今までの説明からは、かなり矛盾するかもしれません。くれぐれも混乱・混同だけはしないようにしておいてください。

要は色々相手に対して細かく難癖《なんくせ》をつけるのがダメだと言っているのです。そして終始一貫相手探しに集中しないで、時間を浪費するのがダメだと厳しく注意しているのです。

では最低限、結婚相手にはどの点に注意しなければいけないのでしょうか。

決定的な判断材料になるのは、お互いの価値観が一致していることです。

価値観に関しては、相手の条件面を見ているとかなり正確に読むことができます。ですから、もし相手の条件面が整備されていないとしたら、あなたが結婚した後には相当なリスクがあるということをだけは、事前に十分覚悟しておかなければなりません。

結婚してから何が起こっても、文句は言えないのです。

たとえば誰かの保証人になって、ある日突然多額の負債を背負い込むような相手かもしれません。あなたはこの世には馬鹿な男がいるものだと、TVや新聞の事件簿でも見ながら笑っていることでしょう。しかしあなたの夫が、現実にこの馬鹿な男そのものになっていたりするのです。

常識だと思っていることが、実はそうでないという衝撃の事実に初めて気付くのです。

とにかく結婚前よりも、結婚してからお互い積み上げていく部分というものはかなり大きいので、とにかく基本的ベースがしっかりしている人物であるということが、最重要なのです。

つまり、何よりも安心できる相手かどうかということが最低条件です。逆に言えば基本的ベースさえしっかりしていれば、結婚した後からゆっくりと時間をかけて、お互い恋愛感情を高めていけば良いのです。

ですから熱愛できないからといって、別にあせる必要はないのです。

結局、結婚した段階ですべてが完成したというわけではなくて、単にスタートラインに立っただけというような認識をしておいた方が良いのです。つまりこれから人生という長い旅を二人で一緒に協力してやっていくのであって、ゴールして終わってしまったという訳ではないのです。

もしも終わるということでしたら、それはあなたが死ぬときです。ですからゆめゆめ一時的な感情に、おぼれないようにしましょう。

結婚生活を何年も続けていけば普通、お互いの愛情はどんどん深まっていくことでしょう。ただしそうなるまでは、様々な場面での忍耐も必要です。でも少々の食い違いに我慢している間に、いずれ克服できるようになってくるのです。

そうなるまでは誰でも、大なり小なり時間がかかります。しかしいずれ必ず融合・融和が図れてくることでしょう。

ただし価値観がずれていると、いつまで経っても平行線のままで心の交流は図れません。それどころかどんどん乖離《かいり》していくのです。

もともと結婚前から開いていた差が、さらに決定的な差になって、修復が完全に不可能になってしまいます。

ですからかなりしつこいですが、相手の条件面だけはしっかりと見ておきましょう。

確かに昨今の男性の情けないこと、情けないこと。いい男がいないと嘆くあなたの気持ちも、確かにわからなくもありません。

ここでちょっと情けない男性の問題点について、少し列挙してみましょう。

①恋愛経験がほとんどない。
②必然的に女性に対する積極性がない。
③人と人とのぶつかり合いをあまり経験していないので、人間関係の構築が下手。
④人間的魅力に欠けている。

これでは結婚に踏み切れないあなたの気持ちも理解できます。

しかし、恋愛テクニックが上手な男性が、結婚相手として最適であるかどうかは大いに疑問があります。たとえ男性側の交際術が下手で面白みに欠けたとしても、誠実さと人間としての温かさがあればいいのです。そういう人物の方が安心できると思いますよ。

ですから、相手の素材・素質だけをしっかり見るようにしましょう。

ゆめゆめテクニックに惑わされてはなりません。

今時間切れになって、無理してでも結婚を決めなければならない状態に陥ったのは、何度も言いますように全てあなたの責任なのです。
ですからここはしっかり覚悟を決めて、これからの交際に果敢《かかん》にチャレンジしていきましょう。

必ずあなたに幸運が舞い込むことをお祈りしております。
30歳をすぎても素敵な男性と巡り会い、奇跡とも言うべき結婚ができますように。
それでは。

あとがき

衝撃の一冊を手にしたあなたの運命は？

ここで一般的に女性がよく好む運勢論に引っかけて、お話をしましょう。確かに理論・理屈を超えた超ラッキーが、あなたの身の上に起こる可能性はゼロではありません。宝くじで大当たりをする人もいるのです。ひょっとしたら、あなたも30歳をすぎてから素敵な男性と巡り会って、結婚まで到達できるかもしれません。

しかし運勢とは不思議なもので、何の準備も行動もしていない人のところに突如幸運が舞い込むということは、まずないのです。例えば麻雀《マージャン》をしていると、このことがよくわかります。

つまりいくら本人に実力があったとしても、なぜかその日に限って普段通りにいくら頑張ってみても、どうしようもないくらい運から見放されてしまうことがあるのです。つまり不思議な運勢の流れの前においては、ひとりの人間は全くもって無力なのです。

このようなたとえはともかくとして、確実に言えることがあります。

それはどうも神様の摂理として、輝く未来を強く信じて前向きに生きている人にだけ、栄光が訪れるという鉄則があるようなのです。

でもそういう前向きな人は、もっともっと早く幸運を掴《つか》み取っています。30歳をすぎてから急にあせって明るい未来を念じたとしても、もう既に幸運を引き寄せることは不可能なのです。

絶対に。

なぜならもうあなたには時間が全く残されていませんから。

何事にも、ふさわしい時期というものが存在しているのです。

確かにあなたは今からでも優れた論文を発表して学者になったり、展覧会に出品できる水準の絵が描けるようになれるかもしれません。

でも、例えば宝塚のスターになりたいと思ったとしても、宝塚音楽学校に入学できる年齢にははっきりと制限があります。

また憧れのスチュワーデスやアナウンサーになることも、30歳になった今からでは完全に遅すぎます。

つまり年齢と共に、可能性はどんどん閉ざされていくのです。

結婚に関しても全く同様で、30歳になった今となっては、条件のいい男性との結婚の可能性は完全に閉ざされているのです。ですからもう完全にあきらめる他ないのです。

でも、よく考えてみてください。

今ここで結婚への夢をすべてあきらめて自分を投げ売りしたとしても、それが将来不幸な結果につながるとは限りません。

禍福《かふく》は糾《あざな》える縄の如《ごと》しなのです。

投げ売りした相手は、あなたが思っている以上に素敵な人かもしれませんよ。

また一見不幸と思うかもしれませんが、それでも一生独身で過ごす地獄と比べてみれば、雲泥《うんでい》の差があります。

あれこれ条件を付けるのではなく、どんな相手であってもじっくりと交際してみることです。もし本当にこれから一生独身で過ごすことになったら、あなたはどうするのですか？

どれだけ怖い世界が広がっているのかについては、もう既にこの本の中に書いてあります。

一生独身で過ごすなんて全く考えたことのない自信家のあなた。

もう1回この本を読み直してみて、ブルブルと震えてみましょう。

それから大変な事態に巻き込まれていることにやっと気付いたあなたに。

心の底から、この本と巡り合えた幸せを噛《か》みしめてみてください。

あなたの運命の大転換になるであろう素晴らしい一冊の本との出会い。

タイトルからしてそうなのですが、あなたの神経を逆撫《さかな》でするであろう刺激的な表現方法を意識的に採ってきました。でも、男性の意識の本音の本音部分を知ることができたあなたは、これからは間違いなく幸せになれます。

本当に良かったですね。

この喜びを、あなたのお友達にもどんどん分け与えてあげましょう。

そして今後20～30年後、日本を覆《おお》い尽くすであろうひとり暮らしの孤独老人大量発生を食い止めるのは、この本を読んだ皆さん一人ひとりの自覚にかかっているのです。

頑張って下さい。あなたが頑張れば、日本の将来は明るくなるのです。

そうそう、あなたは40歳を超えた独身女性の本音の本音部分である、心の叫びを知っていますか?

本人はプライドの関係上とても人前では言えないのですが、もしあの時結婚に踏み切っていれば今頃……というような後悔の念でいっぱいの状態で、日々泣きながら過ごしているのですよ。でも日々一歩一歩お婆さんに近づいている今となっては、もうどうしようもなくなってしまっているのです。もっとも本人に直接聞けば、そんなことは絶対口に出して言いませんけれどもね。みじめに思われたくないので、今日も精いっぱい気張って生きていることでしょう。

とにかく深刻な女性の年齢問題について、一刻も早く気付いて目覚めましょう。

そして今すぐに具体的な行動に移しましょう。絶対に奇跡が起きることを信じて。

ですからこの本を読んで、カッカカッカするよりも、著者を見返してやろうというぐらいの気構えで行きましょうよ。

それではこれから幸せを掴《つか》むであろうあなたと、今後も私の書いた書物もしくはその他の媒体を通じて、交流できる機会があることを祈っています。

それまでお元気で。

最後まで辛抱して読んでいただき、どうもありがとうございました。

著者プロフィール

明智 開眼（あけち　かいげん）

1960年代に、山口県で生まれる。
親が転勤族であった関係上、兵庫県や福井県でも学生生活を送る。
関西の一流大学を卒業後、一部上場企業に入社。現在に至る。
サラリーマンである関係上、素性その他に関しては一切公開しません。
なお本書は処女出版になります。今後の活躍にもご期待ください。
メール　bcr@par.odn.ne.jp

どうして20歳代で結婚しなければならないの？

2002年1月15日　初版第1刷発行

著　者　明智 開眼
発行者　瓜谷 綱延
発行所　株式会社 文芸社
〒112-0004　東京都文京区後楽2-23-12
電話　03-3814-1177（代表）
03-3814-2455（営業）
振替　00190-8-728265
印刷所　東洋経済印刷株式会社

ISBN4-8355-3172-8　C0095